梅永雄二

発達障害者の理解と支援

豊かな社会生活をめざす
青年期・成人期の包括的ケア

福村出版

はじめに

近年、新聞記事やテレビのニュースで、児童虐待、いじめ、不登校、引きこもり、非行、ニート、フリーター、派遣切り、うつ、犯罪など、さまざまな社会的問題が報道されています。そうした社会的問題には、発達障害のある人がその当事者になるケースは少なくありません。もちろん発達障害のある人がすべて上記の社会的問題と関わっているというわけではありません。そのことは、はっきり申し上げておきたいと思います。しかしながら、社会で生じる問題は社会環境と問題を生じる人との関係性のズレから生じる場合が多く、そこを検証することによって発達障害の人たちが苦しんでいるさまざまな問題を解決する糸口になるのではないでしょうか。

発達障害の人が抱える問題として、幼児期にはまず「虐待」があげられます。これは、自分の我を通す融通性のない自閉症スペクトラム児が、親の言うことを聞かないということですぐに怒られるといった状況が積み重なり、虐待へとつながっている場合、切れやすく衝動性の強いＡＤＨＤ児に対して親も感情的になり、つい手が出てしまうケースなどが考えられます。また、ＬＤ児の場合も、知的な遅れがあるわけではないにも関わらず、文字や文章が読めない・書けない、簡単な計算ができないために、「何でできないの?」と親をいらだたせてしまうことも、虐待の引き金になる可能性があるでしょう。

こういった子どもたちが学校に入ると、担任の先生から常に注意を受けるようになり、クラスメイトからも、「あいつはちょっとおかしい」「いつも先生に注意されている」など、悪いイメージが構築され、いじめの「対象」になっていくこともあります。その結果クラス内で「孤立」してしまうため、学校にいづらくなるだけでなく、セルフ・エスティーム（自尊感情、自尊心）が失われ、「不登校」となる可能性も出てきます。そうなると家庭内でも居心地が悪くなり、親や祖父母から叱責されるため、できるだけ家族と接触を避け、昼間は部屋に「引きこもり」、ひとりになれる夜に活動するという昼夜逆転現象を引き起こしてしまいます。家にいづらく、学校へも行けないため、学校と家庭以外の場所に居場所を求めてしまうことになります。やることが見つけられない場合、「学校行くよりゲームセンターにいる方が楽しいや」「大きな音を立ててオートバイをぶっ飛ばすとスカッとする」など、同じような仲間のいるゲームセンターや歓楽街に出入りした結果、悪い仲間に誘われ「非行」に走る場合も考えられます。少年院に入院している子どものなかに発達障害児が多いといわれるのもこのせいかもしれません。とりわけ、女子の場合は、学校でいじめられ、先生にも叱られ、家に帰ると親に勉強しろと常に小言を言われる。逃げ出すところは繁華街となり、優しい言葉をかけてくる男性に、ついつい心が引かれ援助交際等に走り、その結果覚せい剤等の犠牲になる事例もあります。

このような状況が成人期まで続くと一般就労が難しく「ニート」状態となり、たとえ就職したとしてもアルバイト生活の「フリーター」や「派遣社員」といったワーキングプアの生活を強いられることになります。その就労生活のなかでも周りの無理解のために「職場内いじめ」の対象となり、心理的ストレスを感じて「うつ」状態となり「休職」することになりますが、一度休職すると復職が難しく、「離職・退職」を繰り返すようになります。このような状況では経済的自立が困難となり、「犯罪」に手を染めることも考えられます。さらに、結婚して生まれた「子どもに虐待」を行う親のなかに発達障害者が多いことも報告されています。

このような社会的問題のすべてが発達障害と関係しているとは言えませんが、医療、教育、福祉、労働などの分野で早期から発達障害者に十分なサポート体制が構築されていれば、未然に防げることも多いものと考えられます。

障害とは障害者個人に帰属するものではなく、障害のある人と社会との間に生じた壁のことをいいます。よって、その壁が取り除かれると障害ではなくなるのです。

本書では、そのような問題を抱える発達障害者に対してどのような支援をすべきかについてまとめられています。

まずは発達障害とはどのような障害かを理解すること、そして社会との関係のなかから生じている問題を検証し、それらの問題の解決の仕方を検討していければと考えています。

発達障害者の理解と支援 ● 目次

はじめに……3

第1章 発達障害の子どもが抱える問題

〈1〉発達障害とは……10
〈2〉発達障害の特性……14

第2章 発達障害といじめ・子ども虐待

〈1〉家族からの虐待……26
〈2〉学校におけるいじめと発達障害……32
〈3〉非行と発達障害……37
特別寄稿1 不登校、引きこもりと発達障害 ● とちぎ若者サポートステーション 中野謙作……48
特別寄稿2 発達障害と少年事件 ● さいたま家庭裁判所川越支部 熊上 崇……69

第3章 成人期発達障害者の課題

〈1〉学校教育の問題……90

②　高等教育と発達障害者の就労……92
③　犯罪と発達障害……94
特別寄稿3　地域若者サポートステーションに来る発達障害をもつ若者たち
●とちぎ若者サポートステーション　中野謙作……101

第4章　発達障害を抱える若者へのジョブコーチと就労支援

①　就労支援制度……124
②　企業へのアプローチ……129
③　医療における支援……133
④　教育における支援……136
⑤　福祉分野の支援……139
特別寄稿4　発達障害をもつ人への効果的な職業訓練
●岡崎高等技術専門校　矢口秀人……142

おわりに……170

※本文掲載の事例は、すべて仮名であり、改変をほどこしてあります。

第1章

発達障害の子どもが抱える問題

1 発達障害とは

発達障害とは、従来、発達期（基本的に一八歳未満）に障害をもつ者とみなされていたため、ダウン症候群などの知的障害、脳性マヒなどの肢体不自由、視覚障害、聴覚障害などを含む広義の意味で捉えられていました。

しかしながら、平成一七年に施行された「発達障害者支援法」では、「LD、ADHD、自閉症、アスペルガー症候群等の広汎性発達障害およびその周辺の障害」と定義されています。

発達障害者支援法ができるきっかけとなったのは、わが国の法律で障害者と認められる三障害、いわゆる身体障害、知的障害、精神障害のどの分野にも該当せず、しかしながら学校教育や社会参加でさまざまなトラブルを生じ、何らかの支援を考える必要があったからだといわれています。

発達障害を理解するためには、まず知的障害との関連から考えていくとわかりやすいと思います。

知的障害は一昔前まで「精神薄弱」「知恵遅れ」「精神（発達）遅滞」などといわれていました。これらの用語は知的障害の人の本質的な意味を表しているわけではないので、知的障害という表

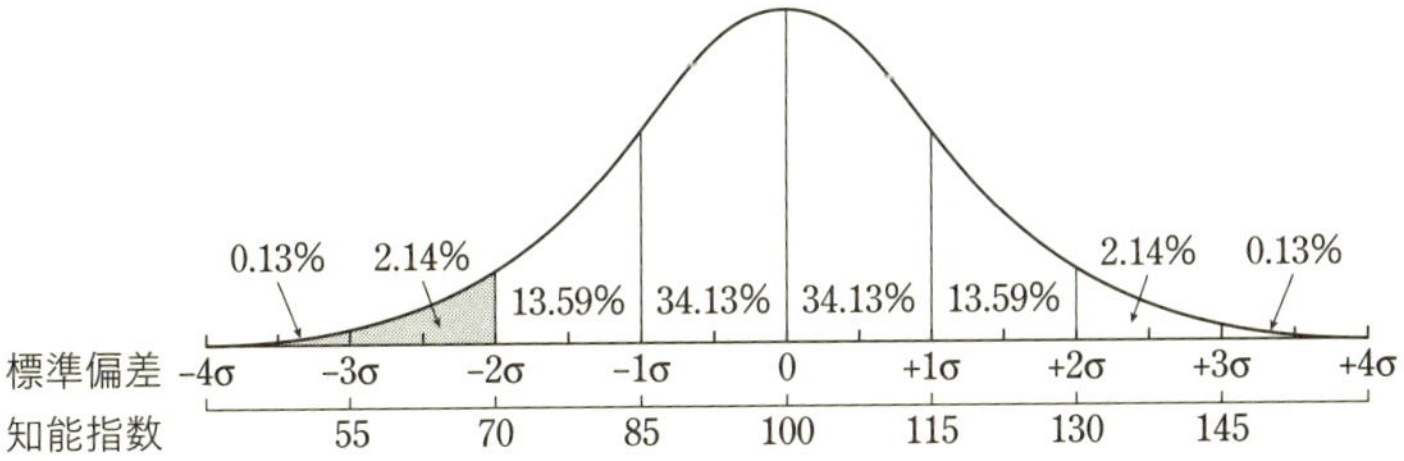

図1-1　知的障害者のIQ分布

梅津耕作・大久保康彦・大島貞夫・袴田明（1979）：
教育心理学　pp.141　サイエンス社

現に変えられました。なぜなら、「精神薄弱」という用語は精神機能全般が薄弱であるという意味ですが、知的障害の人のなかには絵や音楽など芸術的感性が高い人もおり、精神機能全般が薄弱になっているのではなく、単に知的水準が健常の人に比べて低いだけだということと矛盾していました。また、知恵遅れや精神（発達）遅滞では、遅れているのであれば追いつく可能性があるとも考えられることが問題として指摘されたようです。

知的障害とは、知的水準が健常者に比べて2標準偏差を下まわる者となっています。具体的には、知能検査では平均が100、1標準偏差が15（ビネー式知能検査では16）で作られているため、2標準偏差とは知能検査によるＩＱ値が70（ビネー式知能検査では68）となり、一応の目安としてＩＱ70を下回る場合（実際には生育歴や学校での成績なども考慮する）に知的障害者としての療育手帳を取得することができます。

一般に、知的に健常とはＩＱが85～115の範囲にある人たちのことをいう場合が多く、この人たちは図1－1にみられるように全体の約七割（六八・二六％）に該当します。

平成一七年度の厚生労働省の報告では、知的障害者はわが国で五四万七〇〇〇人となっています。しかしながら、図1－1ではIQ55未満が〇・一三％、IQ55～70が二・一四％となっており、二つを合わせるとIQ70未満の人たちは二・二七％になります。基本的にIQ70未満の人たちを知的障害者とするなら、わが国の人口が約一億二七〇〇万人として、約二八八万人の人たちが該当することになります。厚生労働省の報告よりも二〇〇万人以上多いことになります。このことは、療育手帳を所持していない知的障害の人たちがたくさんいるのだということを表しています。

知的障害者以上に多いのが、知的にボーダーライン（境界線）者といわれる人たちです。ボーダーライン者とは、知的障害に該当するIQ70未満の部分ではなく、先に述べた知的に健常の範囲であるIQ85～115に入らない、IQ70～85の人たちです。

この人たちは全体の一三・五九％を占めることになるわけですから、統計上わが国では一七〇〇万人以上が該当します。この知的にボーダーライン（境界線）の人たちのなかにわが国の発達障害者、とりわけLDと呼ばれる人たちが多いのです。

また、逆に自閉症の人のなかにはIQ値が極端に高く、健常者の範囲を超えてIQ115以上を示す人たちも数多くいることが報告されています。

よって、発達障害の人は知的レベルだけでは判断できないのです。

しかしながら、その知能の構造が健常と呼ばれる人と若干異なっており、ある部分では高い能力をもっているにもかかわらず、それ以外の部分では低い数値を示したりします。

それでは、発達障害者支援法に定義されているＬＤ、ＡＤＨＤ、および自閉症スペクトラム障害について説明します。

2 発達障害の特性

1 自閉症とは

自閉症は、その名称から「引きこもり」や「うつ」のような「心の病」をイメージする人が多いようです。しかしながら、自閉症も脳傷害を原因とする発達障害の一種であり、表1－1のような特徴を示しています。

自閉症の症例を最初に発表したのは、一九四三年アメリカの児童精神科医レオ・カナー博士です。彼は一一人の子どもの症例に単なる知的障害児とは異なる特徴をもっていることを示し、「自閉症」と名づけました。それ以前にも「自閉」という言葉は統合失調症の亜型の症状として使用されていましたが、自閉症という症候群として名づけたのはカナーがはじめてでした。カナーは最初、このような子どもたちを「能力の孤島」と呼ばれる記憶力の高さなどから知的に高いものと考え、その結果、母子関係の問題から生じたいわゆる情緒障害と考えた時期もあったようです。

表1-1　自閉症の特徴

言葉が全くない人がいる
言葉が出てもオウム返しとなる
玩具を使ったごっこ遊びをしない
友だちに興味がない
逆に友だちに係わりすぎる
注意の持続が難しい
名前を呼ばれても返事をせず、他人に無関心
激しいカンシャクを起こすことがある
アイコンタクトが少ないか全くない
手をひらひらさせたり、身体を前後に揺すったりする行動がある
奇声を発する
1つのことに固執する
変化を嫌う
ある特定の音や臭いに敏感

しかしながら、その後この考えを修正しています。

現在では、母子関係の問題から生じたものではなく、何らかの要因で脳に器質的な損傷を起こした発達障害と考えられるようになりました。

2　アスペルガー症候群とは

アスペルガー症候群は、オーストリアの小児科医であるハンス・アスペルガーが一九四四年に四人の症例を発表し、のちにイギリスの精神科医であるローナ・ウイングが原語のドイツ語を英文に訳して紹介したことをきっかけに広がりました。

当時のオーストリアはナチスドイツに属しており、ナチスドイツではアーリア人種が一番優秀

表1-2　アスペルガー症候群の特徴

友だちがいない
友だちが欲しいと思わない
友だちを欲しくてもその作り方がわからない
表情のような社会的コミュニケーションを読むことができない
自分と異なる他人の感情を読むことができない
興味の範囲が狭い（時刻表、電話帳、地図などに集中する）
運動神経が鈍い、不器用
変化に弱い
機械的、ロボット的なしゃべり方をする
人の気持ちを無視してしゃべり続ける

であるという理由で、ユダヤ人を大量虐殺しました。同様にアーリア人種には障害者は存在すべきではないとして、T４作戦によって薬物やガス室で殺されていました。

ハンス・アスペルガーは四人の症例にカナー同様「自閉」という言葉を用いましたが、障害者というよりは性格の偏りという表現を用いました。一説によると、障害者とすると殺される可能性があるので、それを避けるためではなかったかといわれています。

この症例は比較的知的な障害がなかったため、後にアスペルガー症候群は知的に高い自閉症と同じような見方をされるようになってきました。

表１－２にアスペルガー症候群の特徴を示します。

ＤＳＭ-Ⅳ-ＴＲによるとアスペルガー症候群は、自閉症の特徴のなかでコミュニケーションに障害がないことになっています。また、自閉症の特徴を有していて知的に問題がない人のことを高機能自閉症と呼ぶことがありますが、このアスペルガー症候群と高機能自閉症を明確に分類することは難しいといわれています。

また、ＰＤＤと自閉症スペクトラムという用語も存在します。ＰＤＤとはＤＳＭ-Ⅳでは Pervasive Developmental Disorder のことで、わが国では広汎性発達障害と訳されています。このＰＤＤの下位分類に自閉症やアスペルガー症候群などが位置することになっています。

一方、自閉症スペクトラム（Autistic Spectrum Disorder）とは、先に述べたローナ・ウイングが提唱した用語で、知的障害を伴う自閉症から高機能自閉症・アスペルガー症候群まですべてつながっているという考えからスペクトラム（連続体）という表現が用いられるようになりました。現在わが国の自閉症に関する専門家団体も「自閉症スペクトラム学会」となっています。

ＤＳＭ-Ⅴでは、自閉症やアスペルガー症候群も含めて自閉症スペクトラム障害という用語で統一されることになりました。

3　ＬＤ（学習障害）

ＬＤとは、Learning Disabilities の略語で、わが国では「学習障害」と訳されています。ＤＳＭ

精神障害診断統計マニュアルでは、Disabilitiesではなく、Disorderとなっています。

学習障害児と似た言葉に学業不振児や学習遅滞児という言葉があります。学業不振とは、原因が何かは関係なく、学校の勉強ができない場合に使われることが多く、長期に学校を休んでいたり、学校に通っていても学習意欲がなかったり、また学習障害児も学業不振に陥ることがあるでしょう。また、学習遅滞というのは、文字通り遅れているわけなので、軽度知的障害を伴う場合などに使用されています。

ＬＤ（学習障害）は、ＩＱはノーマルでありながら、文字や文章を読むこと、書くこと、計算することなど特定な課題、あるいは双方に困難を示す場合に用いられており、その原因は環境要因ではなく、脳の機能障害によるものです。

読みの障害としては、文字の区別ができない、文字を音声に結びつけられないといったことが生じ、書きの障害としては、うまく文字を書くことができない、文字を書いても鏡文字になってしまう、句読点がうてない、助詞のつけ方がわからない、小さい「っ」などの促音、「キャ、キュ、キョ」などの拗音、「飛んで」の「ん」などの撥音を表すことができない、などといわれています。

計算の障害では、足し算をする際に繰り上がりがわからない、数字や図形を正しく写せない、買い物をしてもお釣りの計算ができないなどの困難性があります。

これらは、勉強不足からくるものではなく、視空間認知（物の見え方が違う）の障害からくるのではないかといわれています。

具体的には、「鏡像文字」としては、「b」と「d」や「p」と「q」、「M」と「W」などがうまく認知（理解）できないため、犬を「bog」、机を「besk」と書いたりすることになります。日本語のひらがなでは、「さ」と「ち」、「く」と「つ」などが混乱しやすい文字かもしれません。類似文字では、「m」と「n」、「u」と「v」、「l」と「I（i）」、「v」と「w」、「C」と「G」、「E」と「F」なども間違いやすい文字になります。日本語では、「は」と「ほ」、「め」と「ぬ」、「さ」と「き」、「る」と「ろ」、「わ」と「れ」、「い」と「り」などが混乱します。

とりわけ日本語のカタカナはわかりづらく、「フ」と「ワ」、「ワ」と「ク」、「ク」と「タ」、「ン」と「シ」、「シ」と「ツ」、「ン」と「ソ」、「ソ」と「リ」、「テ」と「チ」、「ヌ」と「ス」、「メ」と「ナ」、「コ」と「ユ」と「エ」、「ハ」と「ル」などが間違いやすい文字だといわれています。

漢字においては、明朝体の字がわかりづらいといわれています。たとえば、「梅」という文字の「つくり」側の「毎」という字では、横棒の右側が三角形に強調されており、そこに視点が行ってしまうため、漢字としての全体像がわからない。「木へン」の部分も縦棒が主要道路、横棒が側道に見えてしまうような状況も現れます。

視覚認知に問題があるため、「上下」「左右」「前後」に混乱を示すことがあり、〝森〟という字を書かせた場合、「林」の上に「木」が乗っているという上下関係がわからず、「林木」というような文字を書くＬＤ児もいます。

文章を読む際にずれが生じるため、中学校低学年レベルの簡単な英文でも次の例のように捉えることがあります。

Ic amefr omuts unom iyac ity.

これは、実際には「I came from Utsunomiya city.」のことなのですが、視空間認知に障害があるため、文節の区切り方が誤ってしまうのです。

4 ADHD

ＡＤＨＤは、Attention（注意）Deficit（欠陥）Hyperactivity（多動）Disorder（障害）の略語で、「注意欠陥多動性障害」といわれています。主要な特徴は「不注意」「多動」「衝動性」です。

不注意な点では、「言われたことを聞いていない」「課題を最後までやり遂げられない」「毎日の活動や約束を忘れてしまう」、多動な点では「じっとしていられない」「コートを着る前にドア

表1-3　大人のADHD

1. 与えられた仕事をやり遂げられない	19. 大学を卒業するのが難しい
2. 自営業はできない	20. 記憶力と学習能力に問題がある
3. 仕事をよく替わる	21. アルコール、マリファナ、コカインなどを常用する
4. 職場での評価が低い	22. 法律に違反するような問題を起こしたことがある
5. 仕事を順序立てて行えない	23. 交通違反でよくつかまる(年に一度以上)
6. 家事をこなせない	24. 交通事故を頻繁に起こす(年に一度以上)
7. 自己評価が低い	25. うつ病になったことがある
8. やりかけの仕事をおいて他の仕事を始める	26. 不安障害になったことがある
9. ひとりでは仕事を片づけられない	27. 家族の中にADHDの人、もしくはADHDの症状がみられる人がいる
10. 肉体的に危険な活動をする	28. 子どもがADHDであると診断された
11. 忍耐力が足りない	29. よく方向がわからなくなったり、迷子になる
12. 友情が長続きしない	30. 子どもの頃、学校での適応が大変だった
13. したいことを先に延ばせない	
14. 注意力を持続できない	
15. 考えずに衝動的に行動する	
16. 非常に活発(多動)である	
17. 自分の行動が将来招く結果を考えない	
18. 大学に入るのが難しい	

(Sudderth & Kandel,1997)

表1-4　ハロウェルとレイティの成人ADD診断基準

1. 実力を発揮できていない、目標を達成できないという感覚(実際の成果にもかかわらず)
2. 秩序だった行動をとれない
3. 物事を先延ばしにする。あるいは、いつも取りかかりが遅れる
4. 多くの計画を同時に進めるが、大部分は最後までやりとげられない
5. 頭に浮かんできたことを話のタイミングや状況を考えずに口に出してしまう
6. 頻繁に強い刺激を求める
7. 退屈な状態に我慢できない
8. すぐに気が散る、注意の集中が難しい。読書や会話の最中にほかのことを考え、上の空になる(ときには異常なほど集中することがある)
9. しばしば創造性や直感、高い知性を示す
10. 決められたやり方、「適切な」手順を守ることが困難
11. 気が短く、ストレスや欲求不満に耐えられない
12. 衝動的。言葉と行動の両面で衝動性がみられる(金銭の使い方、計画の変更、新しい企画や職業を選択する際の衝動性)
13. 不必要な心配を際限なくする。心配の種を自分からあれこれ探す傾向。実際の危険に対しては注意を払わなかったり軽視したりする
14. 心許ない不安感
15. 気分が揺れやすく、変わりやすい。特に他人と別れたときや仕事から離れたときに気分が不安定になる(ただし躁うつやうつ病ほどはっきりとした気分変動ではない)
16. 心が落ち着かない感じ(子どもに見られるような激しい多動ではなく、むしろ精神的なエネルギーの高揚に近い形で現れる。うろうろ歩き回る、指で物をとんとん叩く、座っているときに身体の位置を変える、仕事場や自分の机をよく離れる。じっとしているといらいらしてくるなど)
17. 嗜好の傾向(対象はアルコール、コカインなどの物質である場合と、ギャンブル、ショッピング、食事、仕事などの活動である場合がある)
18. 慢性的な自尊心の低さ
19. 不正確な自己認識
20. ADD、躁うつ病、うつ病、物質乱用、その他の衝動制御の障害又は気分障害の家族歴

(Hallowell and Ratey's,1994)

を出してしまう」「落ち着かないという気持ちがある」、衝動性の側面では「順番を待つことができない」「質問が終わる前に答えてしまう」「他人を妨害し邪魔をする」などの特徴があります。

これらの症状は、とりわけ注意力不足が目立つ場合は、「不注意優勢型ＡＤＨＤ」、重複している場合は「混合型ＡＤＨＤ」などと呼ばれることがあり、研究者によっては成人期に達すると「多動」な面が減少するため、Hyperactivity を外してＡＤＤ（注意欠陥障害）と表現する人もいます。

大人のＡＤＨＤとしての自己診断用チェックリストとして、表１‐３のような基準が示されています。その三〇項目のなかで、八つ以上当てはまったらＡＤＨＤの可能性があるそうです。

さらに、ＡＤＨＤのＨ（多動な面）を除いたＡＤＤ（注意欠陥障害）においては、ハロウェルとレイティという人の成人ＡＤＤ診断基準では、表１‐４のように示されています。この表では、大人のＡＤＤの基準として二〇項目中一五項目に該当する場合とされています。

5 その他

ＬＤ、ＡＤＨＤ、自閉症、アスペルガー症候群に関連する発達障害として、発達性協調運動障害やコミュニケーション障害があります。発達性協調運動障害とは、「運動や楽器が苦手」「ボタンが留められない」「靴ひもやネクタイが結べない」などの症状を示す状態で、脳性まひなどの身体に麻痺があるわけではないものの、いわゆる不器用な人たちを意味します。ＬＤやアスペルガー症候群にはこのような状態を重複している人たちも多いようです。

また、コミュニケーション障害は、聴覚障害や脳性まひなどによる言語障害ではなく、「吃音」や場面緘黙などの「表出性言語障害」、長い話が理解できず、その結果うまく表現することが難しい「受容－表出混合性言語障害」、発する音がやや不均衡な「音韻障害」などがあります。コミュニケーション障害も他の発達障害と重複する場合があります。

第2章

発達障害といじめ・子ども虐待

1 家族からの虐待

子どもの虐待と発達障害の関係については、厚生労働省の「虐待対応の手引き」において、保護者側の「望まぬ妊娠、保護者自身の虐待された経験、育児に対する不安やストレス」、養育環境の問題としての「内縁者や同居人がいる家庭、親族や地域社会から孤立した家庭、経済的不安や夫婦不和などのある家庭」、そして、子ども側の問題として「何らかの育てにくさをもっている」ことが示されています。また、ノートルダム女子大学の藤川教授は「虐待の被害にあう子どもの半数、約五〇%ぐらいが、知的障害を含めて育てにくい生来的な特性、つまり発達障害をもっているのではないか」と述べられています。

最近の出来事ですが、一九歳の少女が二歳になる自分の子どもに対して、友だちと一緒に熱湯をかけ、子どもが泣き叫ぶのを見て喜んでいたというニュースがありました。テレビのバラエティ番組の影響を受けたのだそうですが、逃げ場のない二歳の幼児が、一番安心できると思われる母親から熱湯をかぶせられたのです。泣き叫びながら走り回っている幼児とそれを見ながら

表2-1　発達障害と子ども虐待の関係

1. 発達障害が子ども虐待の背景要因となっている状況
1）子どもが発達障害
子どもの特性が育児負荷を増強
2）保護者が発達障害
保護者の特性が不適切な育児態度を形成
2. 子ども虐待の結果として発達障害が存在している状況
1）発達障害の出現
脳損傷の後遺症としての発達障害（主として知的障害）の新たな出現
2）発達障害の増悪
刺激略奪によるもともとの発達障害状態の増悪

（宮本，2009）

笑っている母親。まるで地獄絵図を見ているようです。

また、再婚した母親の内縁の夫が小学生の娘を何度もたたき、ベランダに放置し、結果的に死なせてしまった事件もありました。さらに、ゴミ箱に閉じ込めて窒息させた事件もありました。

虐待の対象児がすべて発達障害児というわけではありませんが、発達障害児と虐待との関係はさまざまなところで報告されています。

表２－１は発達障害と子ども虐待の関係です。

子どもの虐待に関しては、子どもだけの問題だけではなく、親の生育歴との関連も見逃せません。

以下『ルポ　児童虐待』（朝日新聞出版）から直美さん（三七歳）の事例を紹介します。

直美さんの息子弘樹君は歩けるようになると予想もしなかった多動傾向が出現しました。「コードを引っ張って電化製品をひっくり返す」「棚から食器を引っ張り出す」「夫の実家で生け花をめちゃめちゃにする」「スーパーのなかを走り回る」「何度言い聞かせてもダメ」「独特のこだわりがある」「企業のロゴマークやお気に入りの看板を目にすると脇目もふらずに突進する」「激しく車が行き交う道路でも構わず走って横切る」「片時も目が離せず『ひもでつなごうか』と本気で考えたこともあった」。

以上のような状況は、自閉症スペクトラムの子どもに見られる特徴です。

そういった状況のため、直美さんは「言ってもだめなら、痛い目に遭わせて分からせるしかない」と思い、最初は尻をたたきました。次は頭、顔も張りました。手加減しているつもりなのに、暴力を振るっているうちに怒りはどんどん膨らみ、頭のなかが真っ白になりました。歯止めがきかなくなり、「誰かこの子どもをどこかにやって」という気持ちになったのです。

ある日、「いい加減にして!」と家で弘樹君を突き飛ばしたら、頭から床に落ちてゴン、という大きな音がしました。泣き叫ぶ弘樹君を見ながら「もう少し私の力が強かったら」と思うとぞっとしたそうです。

しかし、以上の出来事は、弘樹君だけの問題ではなかったのです。

実は、直美さんの両親は一歳のときに離婚し、直美さんを引きとった父親は三年後に再婚しました。そのときの直美さんは、「返事をしない」「言う事をきかない」ということで、継母は小さな口実を見つけては父のいないところで直美さんをたたいたのです。直美さんは「なぜ嫌われるのか分からなかった」のです。やがて両親は別居し、直美さんは継母に預けられました。その後の継母からはさらにひどい虐待を受けることになります。六歳のころ継母は「ご飯を三〇分以内に食べなければ年の数だけたたく」というルールを作りますが、直美さんは口いっぱいにほお張るのにいつも時間が過ぎてしまいます。そのたびに継母は力任せにほうきで打ち付けるのです。そして、「逃げたら倍、声を出したらその倍たたくから」と打ち続け、ほうきが折れると、今度は掃除機の先で殴りました。

小学校二年生のとき、継母が酔っ払って深夜に帰ってきました。戸締りをして寝ていた直美さんは「開けろ」という継母の声に気が付きませんでした。合鍵で入ってきた継母は、ハイヒールのとがった部分で寝ぼけ眼の直美さんをめったうちにしました。しかし、怖くて誰にも言えずにいたのです。なぜなら、告げ口すればもっとたたかれると恐れたからでした。祖母に助けを求めて、それを知った父が正式に離婚したのですが、その父は小学校六年のときに再々婚しました。

しかし、今度は新しい継母から徹底的に無視されました。「冷蔵庫のなかのモノを勝手に食べるな」「食器を使うな」と書いた紙を部屋中に貼り付けられました。嫌われたくなくて、けなげにも小遣いをため継母が喜びそうなピアスや小物をプレゼントしました。中学生になると、喫茶店でアルバイトをしてそのお金を渡したりもしました。しかし、何も変わりませんでした。

表2-2　発達障害と生じやすい虐待のタイプ

1. 子どもが発達障害の場合
1）知的障害：身体的虐待、心理的虐待、ネグレクト、性的虐待
2）広汎性発達障害（自閉症など）：身体的虐待、心理的虐待
3）注意欠陥／多動性障害：身体的虐待、心理的虐待
4）学習障害：心理的虐待
2. 保護者が発達障害の場合
1）知的障害：ネグレクト、身体的虐待、心理的虐待、性的虐待
2）広汎性発達障害（自閉症など）：心理的虐待
3）注意欠陥／多動性障害：身体的虐待、心理的虐待

（宮本，2009）

結局高校を中退し、家出をしました。昼は割烹、夜はスナックで働きながら酒びたりの日々を過ごすことになりました。

このように、親が虐待を受けた経験のある場合は、子どもが発達障害があるということと相い重なって、より虐待の可能性が高まるのです。

筑波大学の宮本教授は発達障害児に生じやすい虐待のタイプを表2－2のように説明されています。

保護者が発達障害ではないかと思われる、次のような事例があります。

「家のなかは専業主婦の洋子さんがいつもきれいに保った。屋内で干した洗濯物が床に落ちるだけで全部洗いなおさないと気がすまないほどの几帳面な性格。茶碗はすべて絵柄を同じ方向に揃えて食器棚にしまい、流し台の下には豊富な調味料が整理された状態で並んでいた」。アスペルガー症候群などの自閉症スペクトラムの人たちは、いい意味では几帳面、悪い意味ではこだわりが強すぎて枠にはめたがるという傾向があります。洋子さんは思ったような子育てができないことに対して、「私がダメな母親だからうまくいかない」と自分を責め立てるようになります。その結果、うつ病に加えて重度のＰＴＳＤや解離性健忘症となってしまいました（『ルポ　児童虐待』より）。

2 学校におけるいじめと発達障害

以前、筆者はＡＬＡＡＨＦＡ研究会という当事者中心の会を立ち上げていました。ＡＬＡＡＨＦＡとは、Adults with Learning Disabilities, Attention Deficit Hyperactivity Disorder, Asperger Syndrome and High Functioning Autism の頭文字をつなげた略語で、成人に達したＬＤ、ＡＤＨＤ、アスペルガー症候群および高機能自閉症を意味します。このＡＬＡＡＨＦＡ研究会に参加していた成人の発達障害者は、幼稚園・保育園段階のいわゆる就学前から小学校、中学校、高校と教育段階を経るにつれ、どのようなことに困ったかを表２－３のように述べてくれました。

表２－３からわかるのは、困ったことに関して、小さいときは学習面や行動面が中心であったのが、中学・高校と成長するにつれ、対人関係や心理面に変わってきていることです。それともう一つは、すべての段階で「いじめにあった」という経験があります。発達障害の人たちのなかでいじめにあった人たちが多いことが窺えます。

いじめに関しては、いじめられる方にも責任があるなどと本末転倒な意見をいう人たちもいま

表2-3　発達障害者が子どものころに困ったこと

〈就学前〉	〈中学時代〉
じっとしていられなかった	授業に集中できなかった
パニックを起こした	いじめにあった
いじめにあった	教師が理解してくれなかった
発達の遅れがあった	勉強についていけなかった
人とのコミュニケーションがとれなかった	人とのつき合い方がわからなかった
	何事にも自信がなかった
〈小学校時代〉	〈高校時代〉
いじめにあった	人間関係がうまくできなかった
学校の勉強がわからなかった	いじめにあった
課題に集中ができなかった	友だちができなかった
人とのコミュニケーションがとれなかった	

（梅永，2003）

すが、発達障害児の状況を理解してあげれば防げることも多いはずです。実際、車椅子の人に「立って歩け」、視覚障害の人に「ちゃんと見なさい」、聴覚障害の人に「ちゃんと聞きなさい」とは言わないはずです。このように身体障害の人たちは、外見上何がハンディとなっているのかがわかりやすいのですが、発達障害の人たちは見てすぐにわかる障害ではないため、「わがまま」とか「自分勝手」「場の空気が読めない」などと無視されたり、いじめられたりする可能性が高くなるのです。

発達障害児童生徒の学校教育においては、平成一九年度から特別支援教育が実施され、小・中学校における発達障害児教育は一歩前進したといえます。しかしながら、学校に入る前の幼稚園や保育園での教育や保育、また中学校卒業後の高校における教育、その後の大学・短大、専門学校、ひいては大学院等での発達障害学生への支援は十分とはいえません。とりわけ、職業的自立を考えるキャリア教育の側面では、わが国では高校や大学等で社会に出る直前にガイダンスが実施されるものの、それらは発達障害生徒・学生に考慮されたものとはなっていません。

発達障害の子どもが抱える問題について、筑波大学の宮本教授は思春期以降に心理面の問題が生じると述べられ、その内容は性格特性の問題として、「低い自己評価」「自信喪失」「感情不安定」「不安」「緊張しやすさ」「敏感性」「頑固・融通性のなさ」というようなパーソナリティを構築するようになり、またその結果心因性の症状として、「集団行動からの逸脱」「興奮・乱暴・反抗的な言動」「不登校・怠学」「非行」「性的逸脱行動」「抑うつ・自殺企図」「睡眠障害」などの症状が現れると述べられています。

これらはいわゆる二次障害と呼ばれるもので、発達障害の子どもに生来的に備わったものではありません。学校や家庭などの無理解といった環境との相互作用で生じたものです。

たとえば、ＬＤ児のように周りの子どもと比べて読み書きが困難であれば、勉強不足だと考えられ、厳しく勉強させられる場合があるでしょう。ＡＤＨＤ児のように、多動で衝動性が強ければすぐに叱られることもあるでしょう。そして、自閉症スペクトラム児のように対人関係に困難を示すためにわが道を行くような行動をすると、わがままな子どもと誤解されることにもなりかねません。

発達障害の特徴が理解されないと、本人に合った教育がなされないため、学校が嫌いになってしまいます。本来学校というのは、勉強をして新しい知識を得ることができる充足感を満たす楽しいところである必要があるものと思います。

しかしながら、わが国の現段階の教育システムは「形先にありき」で、ある枠に入っていないと問題とされます。多動、衝動的、不注意、ある面の学習困難、人とうまく付き合えないなどの発達障害特性がある場合は、その枠に入りきらないため先生たちから常に注意を受ける児童・生徒となります。先生から注意を受け続けると、他のクラスメイトたちも否定的な見方をしてしまいます。その結果、いじめの対象となったり、シカトされたり仲間はずれになったりすることになります。

梅永（2007）の『こんなサポートがあれば！ 2』に、ＡＤＨＤと診断された笹森さんがいじめについての手記を書かれています。

笹森さんは小さいときから忘れ物が多かったのですが、小学校の教室内では班分けされていました。ある日担任の先生が「これから忘れ物のない班を作りましょう」と言いました。好きで忘れ物をしているわけではない笹森さんは不安になりました。一所懸命忘れ物がないように努力しました。しかしながら、やっぱり忘れ物をしてしまったのです。その結果、笹森さんと一緒の班にいる他の児童から「あなたがいるから忘れ物のない班になれない」と廊下に連れ出されて、顔をたたかれたのだそうです。

また、この本に掲載したＬＤの神山さんの手記にも、教師の指導によって傷ついた内容が書かれています。

神山さんは、ＬＤ特有の視空間認知の障害があるため、なかなか文字や文章を読むことができません。そんななか、担任の先生は国語の宿題として本を三回読んでくるように言いました。神山さんは何回も何回も読みましたが、うまく読めませんでした。読めなかったために、宿題をやってこなかったと担任に言われました。くやしい神山さんは自分なりの「分かち書き」という方法をあみ出しました。文章を文節ごとに斜線を引いて、わかりやすくする方法です。しかしながら、担任は神山さんの本を見て、「教科書に落書きするなんて」と激怒し、神山さんの頭にチョークで×を書いて廊下に立たせてしまいました。当時の神山少年の気持ちはどんなだったでしょう。

ＬＤはLearning Disabilitiesの略語ですが、ある意味ではLearning Different、すなわち学び方が違うと考えられます。このように、学び方が異なれば学習できるにも関わらず、狭い枠のなかだけが正しいような教育を行うことによって、枠からはみ出した発達障害児童・生徒は学校での居場所がなくなり、不登校へとつながっていく可能性があるのです。

3 非行と発達障害

犯罪と発達障害の関係については、3章の3「犯罪と発達障害」における表3-1でも触れられていますが、殺傷事件などのような犯罪に達する前にもさまざまな非行の足跡が報告されています。

広辞苑によると「非行」とは、「道義にはずれた行い、不正の行為」「特に青少年の法律や社会規範に反した行為」と記されています。よって、本稿では後の犯罪との関係と区別するために（明確には犯罪も非行に含まれます）、年齢は成人前の青少年とし、触法行為（一四歳未満で刑罰法規に触れる行為）および虞犯（犯罪を行うおそれがある状態）について述べていきたいと思います。

一九九七年に神戸市で小学六年の淳君が殺害された痛ましい事件の犯人である「酒鬼薔薇聖斗」は、精神鑑定の結果、ＡＤＨＤから生じる行為障害という発達障害であることが新聞で報道されました。

ＡＤＨＤは1章で述べたように、不注意、多動、衝動性で定義される発達障害の一つですが、このなかの衝動性という特徴は、キレやすいということにもつながっているため、口論からつい暴力をふるってしまうということも生じます。ADHDはそのような衝動性から反抗挑戦性障害や行為障害といった状態になる場合もあります。反抗挑戦性障害とは、「かんしゃくを起こす」「大人と口論する」「大人の要求や規則に従うことを拒否する」「故意に他人をいらだたせる」「自分の失敗や無作法な振る舞いを他人のせいにする」「神経過敏または他人からいらいらさせられやすい」「怒り腹を立てる」「意地悪で執念深い」などの特徴を有している障害で、このような状態が六ヶ月以上続く場合に診断されます。

一方、行為障害とは、「他人をいじめ、脅迫し、威嚇する」「とっ組み合いのけんかをする」「他人に重大な身体的危害を与えるような武器を使用する」「人に対して身体的に残酷だった」「動物に対して身体的に残酷だった」「被害者に面と向かって行う盗みをしたことがある」「性行為を強いたことがある」「重大な損害を与えるために故意に放火したことがある」「故意に他人の所有物を破壊したことがある」「他人の住居、建造物または車に侵入したことがある」「物や好意を得たり、または義務を逃れるために嘘をつく」「被害者と面と向かうことなく、多少価値のある物品を盗んだことがある」「一三歳未満で始まり、親の禁止にもかかわらず、しばしば夜遅く外出する」「親または親代わりの人の家に住み、一晩中、家を開けたことが少なくとも二回あった。または長期にわたって帰らないことがあった」「一三歳未満から始まり、しばしば学校を怠ける」

といった特徴を有しています（DSM－Ⅳ精神疾患の分類と診断の手引き）。

LD児の場合は、学校での勉強についていけないため自尊感情が弱まり、ストレスがたまってしまいます。コンプレックスを感じるようになると、自分を認めてもらうために何か目立つことをやって親や教師、友だちから注目されたいという気持ちになる場合もあるでしょう。拙著『こんなサポートがあれば！2』に現在特別支援学校の教師をされている神山さんが次のようなことを書かれています。小学校のときに担任の先生から「たいことばちをもってきて」とメモを渡された際に、「鯛、言葉、血をもってきて」と理解したため、「今日の給食は鯛かな？　言葉は図書館かな？　血は保健室か理科室かどっちかな？」と考えてしまったのだそうです。そのような神山さんにいらいらした担任は、「本当に何をやらせてもぐずやね。何、ボーっとしとるの！」と叱ったそうです。このようなことが繰り返されると、自尊感情が損なわれ、体格的に大きかった神山さんはいじめる側になってしまい、成長するにつれ非行に走り、家庭裁判所に何度も呼ばれるようになったのだそうです。

自閉症スペクトラムの場合は、想像力の欠如から「他人がどのような感情をもっているか想像できない」ために、豊川市の主婦殺害事件のような状況が示されます。見ず知らずの六〇代の主婦を殺害した青年は後にアスペルガー症候群と診断されますが、犯罪直後に警察から「死んだ人の気持ちを考えろ！」と言われたときに「死んだ人には気持ちはありません」と答えました。事実その通りなのですが、罪悪感というものがないのが共通の特徴です。

1 少年院

非行を犯した少年（少女も含む）の保護処分の流れは、警察で補導された後、児童相談所あるいは検察庁、家庭裁判所を経由し、少年鑑別所で審判を受け、少年院送致となります。児童相談所か検察庁かは、触法少年か虞犯少年か犯罪少年かによって異なります。

少年院とは、家庭裁判所から保護処分として送致された少年に対し、社会不適応の原因を除去し、健全な育成を図ることを目的として矯正教育を行う法務省管轄の施設と定義されています。大正一二年に矯正院法に基づく矯正院として多摩少年院、浪速少年院が設置され、昭和五二年に非行の進度に応じた処遇区分として、一般短期処遇、交通短期処遇、長期処遇などに分類されました。そして、平成一九年に収容対象年齢が一二歳以上に引き下げられています。

少年院の種類は、中学生の年齢に該当する初等少年院、その後の一六歳〜二〇歳未満の中等少年院の他に、特別少年院、医療少年院があります。処遇区分としての一般短期処遇は、早期改善の可能性が高い少年が対象となっており、少年院の入院期間は六ヶ月以内です。特修短期処遇は、開放処遇に適する少年で同じく入院期間は四ヶ月以内となっています。長期処遇は、短期処遇になじまない少年でその期間は二年以内となっています。少年院における矯正教育は、基本的に中学レベルの初等少年院は教育、高校レベル以上の中等少年院が教育および職業訓練が中心であり、少年院入院後、新入時教育を受け、中間期教育、出院準備教育、出院という流れになっています。

教育の中身は、在院者の特性および教育上の必要に応じた教育課程を編成しており、一人ひとりの個性や必要性に応じて、家庭裁判所や少年鑑別所からの情報、意見を参考に「個別処遇計画」が作成されます。具体的な教育活動としては、SSTなどの基本的な生活態度の指導である「生活指導」、「職業補導」と呼ばれる溶接、建設機械、土木建築、情報処理、電気工事、パソコン、ホームヘルパー、危険物とり扱いなどの職業教育、高校卒業認定試験を受験可能なレベルの「教育活動」、水泳、剣道、ウォーキング、縄跳びなどの保健体育活動、そして社会奉仕活動、ハローワーク見学、茶摘会、運動会などの「特別活動」が実施されています。

表2-4　少年院における日々のスケジュールの例

6:30	起床、役割活動
7:40	朝食、自主学習等
8:50	朝礼（コーラス、体操）
9:00	生活指導、職業補導、教科教育、保健・体育、特別活動
12:00	昼食、レクリエーション等
13:00	午前と同じ
17:00	夕食、役割活動
18:00	集団討議、教養講座、個別面接、自主学習、日記記入等
20:00	テレビ視聴、レクリエーション等
21:00	就寝

この他に院外教育というものがあり、実際に外の老人ホームなどに出向き、介護などを経験することがあります。このような高齢者との接触により、人との関わりによって、人のことを考えることの大切さなどを実感しながら学習していきます。

また、家族との関係を調節するために、職員による面談、教育活動への参加等を通じて、家族関係の調整や保護者に対する指導・助言などを行っています。

標準的な少年院での生活は、表２－４のようになっています。

ある少年院では、入院後一〇日間の考査期間を経て、約二ヶ月間の新入時教育「予科」があり、その後六ヶ月間の中間期教育では職業訓練が行われ、出院前に出院前準備教育として職業指導が実施されています。職業指導では資格取得をめざしており、アーク溶接、半自動溶接、ガス溶接などの溶接技能、フォークリフトなどの運搬や土木建築関係小型車両技能、コンピューター技能、情報技術者、システムアドミニストレーターなどの情報処理技能、その他危険物とり扱い、漢検、珠算などの資格取得をめざしています。

2 発達障害と矯正教育

少年院に入院している少年たちのなかに、発達障害の疑いのある者が多いことがわかってきています。具体的には、「勉強がわからない」「いじめられ体験がある」「いじめから問題行動の発生」「孤立感、疎外感、居場所の喪失」などのため、自分の居場所が見つからず、学校に行かなくなり、家出や徘徊を繰り返すといった行動をとった結果、非行につながったケースです。

このような状況が続くと、セルフ・エスティーム（自尊感情）が低下し、「どうせ自分なんか」と思い始めます。

また、「身体の左右の感覚がわからない」「まっすぐ並べない、歩けない」「二つ以上の動作が重なるとできない」「どのような順序で身体を動かせばよいのかわからない」「椅子にじっと座っていられない」「一定時間同じ姿勢を保てない」「体力がない」などの発達性協調運動障害に見られる特徴を有している者もいます。

虐待やいじめの経験があるなど発達に課題をかかえる少年の多くは、絶えず周囲を警戒（何かされるのではないか）し、物事に集中できない、落ち着きがない、意欲がない（すぐにあきらめる）等の行動を示すといわれています。子どもが非行に走る原因としてはさまざまです。個人的側面としては、攻撃性、多動性、反社会的行動、低学力、落ち着きがない、集中力がないなどの問題を呈しています。家族の問題としては、経済的問題、反社会的な親、家庭崩壊や欠損家庭、乏しい親子関係、虐待、ネグレクトなど、学校での問題としては成績不良、落第、不真面目、先生との確執、登校禁止、退学、仲間の問題としては反社会的な非行仲間、社会的なつながりの弱さ、地域の問題として地域に犯罪者や薬物犯罪者が多い、統一（連帯）感のない地域などが報告されています。

そして法務省の報告では、非行を犯した少年の再犯率は四分の一となっていますが、就職や結婚がターニングポイントとなって犯罪が矯正できることがあることも示されています。

また、雇用、配偶者や家族との関係、アルコールや薬物乱用、不良者との関係、生活能力・余暇活動・住居・金銭、態度・価値観なども、非行や犯罪に関連しているといわれています。

そのような非行の矯正において、少年院では規則正しい生活習慣と構造化された生活様式のもとで、食生活の改善、認知や価値観の修正を図り、少年たちの基礎学力や基礎体力の向上をめざしています。

とりわけ発達障害を伴う場合、「集中できない」「落ち着きがない」「人の話を理解できない」「人とうまく関われない」などの問題を所持しているため、少年の特質に応じた個別教育を実施することになります。個別の課題が達成できた後に、徐々に集団生活へ移行します。ＬＤ児のように学習上の問題を抱えている院生も多くいます。具体的には、「あいうえお」が言えない、足し算、分数ができない、生活能力が乏しい、落ち着きがない、などです。行動上の問題では、「体育館の白いラインに沿って角を曲がる際に、直角に曲がれない」「角に必ず左足を合わせないと気がすまない」「歩幅が合わなくなる」「スキップができない」「手拍子を打っている際に話しかけると、リズムが合わなくなる（二つのことが同時にできない）」、対人関係の問題としては「ノンバーバルなコミュニケーションがわからない」「空気が読めないため誤反応を繰り返し、混乱してしまう」などの院生がいます。その場合には、彼らを理解するためにアセスメントを行い、その結果をもとに個別教育計画を立てることになります。

出院後は更生保護施設（法務省保護局監督）などで牧畜など半官半民の施設でリハビリテーションを行ったり、ハローワークと企業が連携し、在院中に面接を行うなど、職業的な自立の手立てを見つけています。そのなかには、こだわりを就職にいかすなどアスペルガー症候群の特性に合わせた職種を検討して支援をしているところもあります。

少年院に収容されている少年たちの多くは軽犯罪を何度も繰り返している場合が多く、その意味がよく理解できていない場合もあります。しかしながら、彼らにわかるような教育を行うことによって、出院後の更生はかなり変わってくるでしょう。

少年院に入院中の一六歳の少年は、「出院後は建築関係の仕事に就きたい」「夢はお母さんに家を建ててあげたい。高校に行きたい」ととても素直に述べていましたし、別の一八歳の少年は「出院後は土木関係の仕事に就きたい」「夢はその技術を身につけて人に教えたい」「結婚して家庭を築きたい」と明確な目標をもつことができるようになりました。

非行になった後の矯正教育ももちろん大切ですが、非行になる前の状態を早めに把握し、発達障害の少年たちが生きやすいような環境を作ってあげることがもっとも大切な支援なのではないでしょうか。

【参考文献】
1）朝日新聞大阪本社編集局（2008）：ルポ 児童虐待、朝日新聞出版社
2）Grandin,T.（2006）：Developing Talents
3）門倉貴史（2006）：ワーキングプア―いくら働いても報われない時代が来る、宝島新書
4）独立行政法人高齢・障害者雇用支援機構（2009）：事業主と障害者のための雇用ガイド―障害者の雇用支援のために、厚生労働省・独立行政法人高齢・障害者雇用支援機構
5）宮本信也（2009）：発達障害と子ども虐待、特集「子ども虐待Ⅱ」、神奈川ＬＤ協会、Vol. 54, 2-6
6）Peterson,T.（2000）：Colleges for Students with Learning Disabilities or ADD
7）品川裕香（2005）：心からのごめんなさい ―一人ひとりの個性に合わせた教育を導入した少年院の挑戦、中央法規
8）戸田智弘（2007）：働く理由、ディスカバー・トゥエンティワン

9）梅永雄二（2003）：こんなサポートがあれば！ 1、エンパワメント研究所
10）梅永雄二（2007）：こんなサポートがあれば！ 2、エンパワメント研究所
11）梅永雄二（2008）：発達障害者の就労支援、治療、Vol. 90, 8, 2357-2359、南山堂
12）渡辺隆（2007）：子ども虐待と発達障害、東洋館出版社
13）高橋三郎・大野裕・染矢俊幸訳（2003）：ＤＳＭ－Ⅳ－ＴＲ精神疾患の分類と診断の手引き、医学書院

特別寄稿1

不登校、引きこもりと発達障害

とちぎ若者サポートステーション　中野謙作

1 不登校児童生徒数の実態

義務教育における不登校生徒数は平成二一年度の文部科学省の発表によると、全国で一二万六八〇五人（平成二〇年度）となっており、平成一九年度と比べると一・九％の減少で人数にすると二四四九人の減少となります。これを受けて、各新聞の見出しはこぞって「不登校は減少傾向」となりました。こういった記事を見ると、あたかも不登校が減少しているかのような印象を受けます。果たしてそうなのでしょうか。しかし、ここに盲点があるのです。

確かに平成一九年度から平成二〇年度にかけて不登校生徒数は減少しています。しかし、図2－1をご覧いただければわかりますが、平成一四年から緩やかなカーブを描き、ほぼ人数は変わらないと言ってもよいでしょう。それよりも知っておかなければならないことがあります。図2－2を見てください。前年度一年間の不登校児童生徒数は、学校基本調査のなかの「長期欠

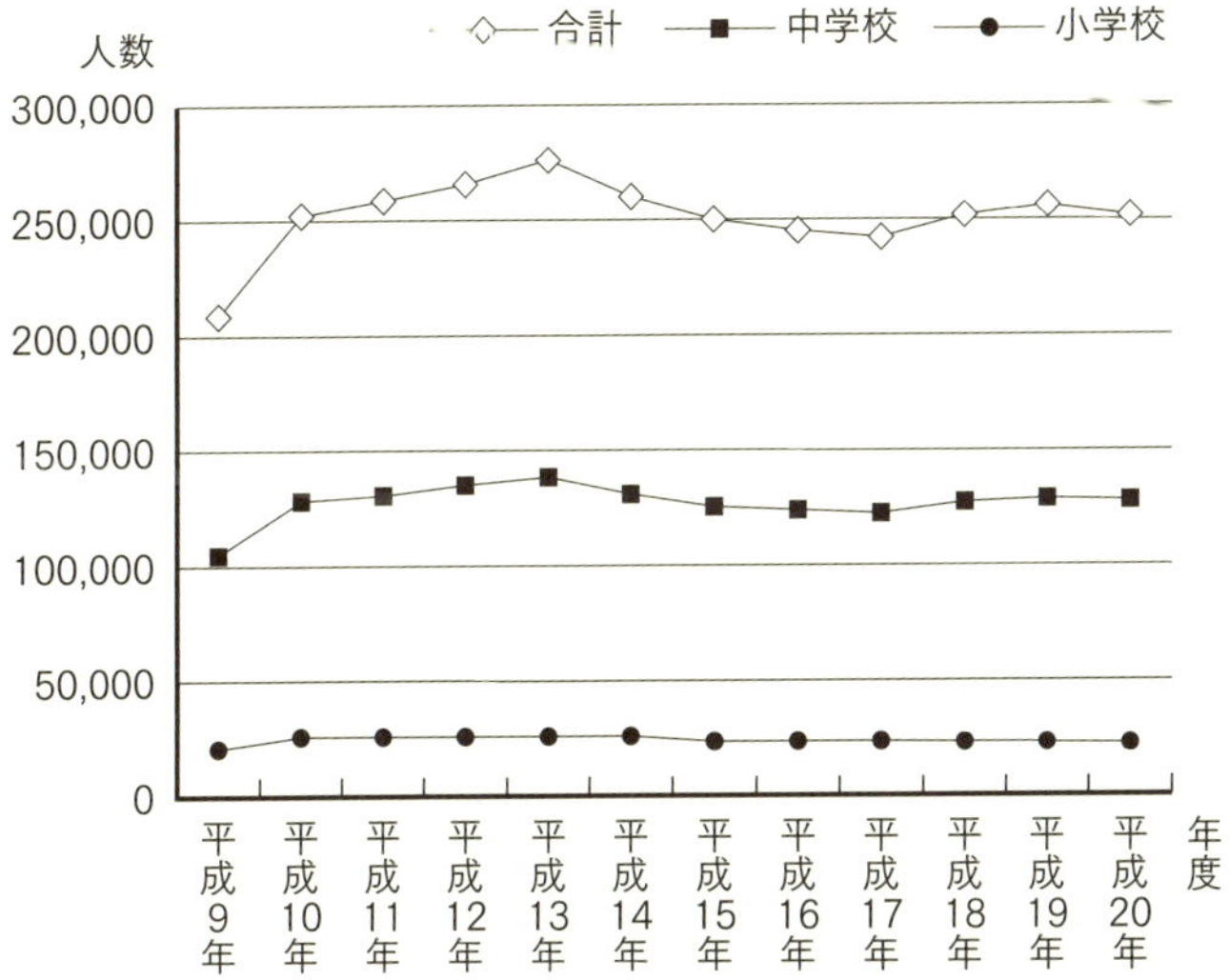

図2-1　国公立私立小中学校における不登校児童生徒数の変遷
（文部科学省学校基本調査をもとに作成）

席者数」に表れます。平成一九年度における中学生の不登校生は一〇万五一九七人。本来ならば中学三年生が三学年のなかでも最も不登校の割合は多いのですが、ここでは単純に三で割って一学年の概数を出してみることにします。そうすると各学年約三万五〇〇〇人となります。この数字は平成一九年四月から平成二〇年三月までのものです。ということは、平成二〇年三月には、中学三年生の約三万五〇〇〇人は卒業してしまうわけです。つまり平成二〇年四月一日にはその三万五〇〇〇人を引くので七万一三〇人となります。それから一年間経った平成二一年度の発表を見ると、中学生の不登校生は一〇万三九八五人です。平成

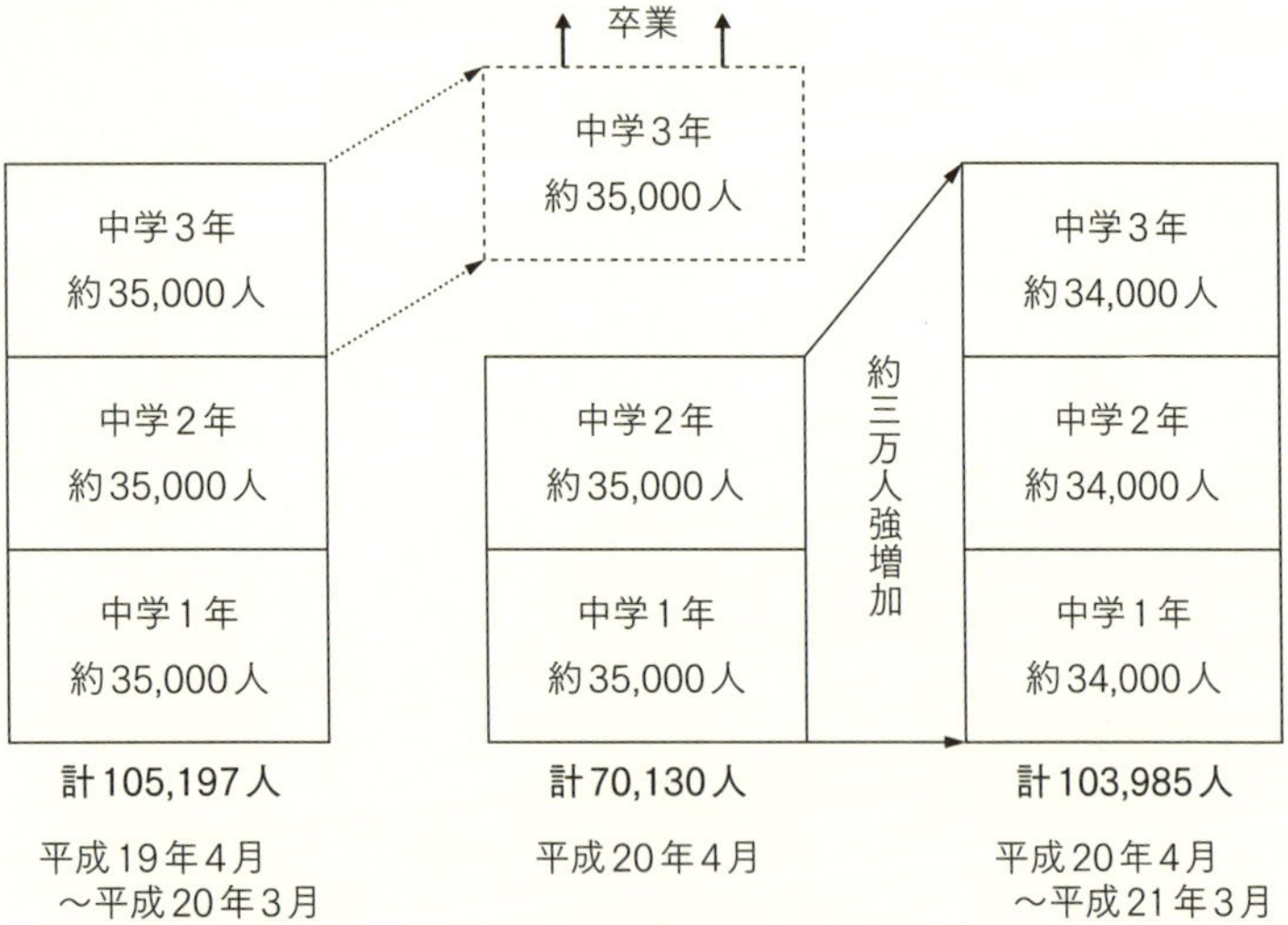

平成20年の3月末で平成20年度の中学3年生約35,000人は卒業するので、この時点で人数は約70,000人に減少する。しかし、翌年までにほぼ同数の不登校生になるということは、1年間で約3万人強の新たに不登校を選択する生徒がいるという事実がある。

図2-2　不登校生徒数は確実に増加している！

二〇年四月一日から計算すると三万三八五五人増えています、つまり平成二〇年だけで新たに不登校を選択した生徒が約三万人強いることになります。小学校のときから不登校している子どもがいると指摘されるかもしれませんが、平成二〇年の小学生の不登校は二万二六五二人で、新中学一年生になる数は五〇〇〇人前後だとしても約三万人は間違いなく新たに不登校になっているのです。

新聞などに発表される全体の人数の増減は一年ごとの相対的な数字にしかなりません。それよりも毎年新たに不登校となる子どもや、不登校しか選択肢がない子どもがこれだけいる事実をしっかりと見極めなければなりません。

これらの事実から立証できるのは、不登校をゼロにすることなどはあり得ないということです。文部科学省は、今まで不登校を根絶するための方策としてさまざまな手段を講じてきました。しかし、そろそろ方向転換して、不登校は避けられない事実としてそこから出発するべきではないでしょうか。現在の学校教育では不登校は避けられません。むしろ不登校を選択する子どもは増えていきます。そうだとしたら、不登校せざるを得ない、また不登校を選択する子どもたちの「学ぶ権利」「遊ぶ権利」「生きる権利」を守ることこそが、我々大人に求められているのではないでしょうか。

2 不登校のなかに混在する発達障害

文部科学省は平成一四年二月から三月にかけて「通常の学級に在籍する特別な教育的支援を必要とする児童生徒に関する全国実態調査」を実施しました。その調査結果をみてみると、知的発達に遅れはないものの学習面や行動面で著しい困難を示す児童生徒の割合は六・三％であることがわかりました。さらにもう少し詳しくみていくと、この六・三％のうち、学習面で著しい困難を示す児童生徒の割合が四・五％、行動面で著しい困難を示す児童生徒の割合が二・九％、学習面と行動面ともに著しい困難を示す児童生徒の割合が一・二％という結果がわかりました。

この翌年である平成一五年には文部科学省は「今後の不登校の対応のあり方」という報告を発表しました。その第二章「不登校の現状」の第二節「不登校の要因・背景の多様化・複雑化」のなかに次のような記載があります。


児童生徒をめぐる課題のなかには、最近の社会的な関心の高まりに伴って、不登校との関連性が注目されるようになってきているものが見られる。

学習障害（ＬＤ）、注意欠陥／多動性障害（ＡＤＨＤ）等の児童生徒については、周囲との人間関係がうまく構築されない、学習のつまずきが克服できないといった状況が進み、不登校に至る事例は少なくないとの指摘もある。最近文部科学省が教員を対象に行ったアンケート調査の結果によれば、ＬＤ、ＡＤＨＤ等の児童生徒は、小・中学校の通常の学級の在籍者の約六％に達するとの見方もあるところである。

また、保護者による子どもの虐待については、近年深刻の度を増してきており、平成一三年度の児童相談所における相談処理件数は二万三二七四件に達している。虐待を受けた子どもの約半数は小・中学生が占めており、虐待の内容は、身体的虐待、性的虐待、保護の怠慢・拒否（ネグレクト）、心理的虐待とさまざまである。このうち、ネグレクトには、保護者が学校へ行かせないなど登校を困難にするような事例が含まれており、不登校の背景にそうした疑いがあるものも見られる。また、いずれの種類の虐待であっても、子どもの心身の成長に重大な影響を及ぼすものであり、人間関係をつくれなかったり、非行に走る要因になることなどが懸念される。

もちろん、ＬＤ、ＡＤＨＤ等の発達障害のある児童生徒や虐待を受けた子どもが直ちに不登校になるということでは決してないが、これらの課題に適切な対応をとることは、不登校対策上、重要な意味をもつものと考える。

ここで重要なのは、不登校する子どもたちのなかに発達障害もしくは発達障害と思われる児童生徒が混在しているということです。不登校の児童生徒数の割合が全体の二・八九％であることから考えると、発達障害と思われる児童生徒は倍以上いることになるわけです。いじめが原因で不登校になったというのも、もしかしたら発達障害という特性を教師を始めとするクラスの子どもたちが理解していたら、不登校にならずにすんだかもしれません。発達障害がなんだかわからないで、ちょっとみんなと変わっている友だちを排除していたのかもしれません。突発的な行動が危険だと判断して保護者がほかの子どもから引き離していたのかもしれません。発達障害を理解することは、単なる知識を増やすだけでなく、互いを認め合い、「そのままでいい」「今のままのあなたでいい」という受容力をつけることにもつながるのです。いくつかの事例を元に発達障害と不登校の関連をみていきましょう。

事例1　先生一〇人に囲まれて叱られ続けた

現在一六歳のヨシオ（仮名）は、小学校時代からあまり友だちを作れませんでした。人前で話すことが苦手な上に、顔にはにきびが溢れるほどで、真正面から目を見て話すことができなかったことも原因の一つでした。中学校に入ってからは、それに加えて何でも真面目にやる性格が周りの批判を生むようになっていきました。作文の課題があれば三枚でよいところを一〇枚書いてきたり、数学の宿題は問題から解答までノートに隙間がないほどびっしりと埋め尽くしてくるのです。当初、先生からの評価はよかったのですが、徐々に周りの生徒からは疎んじられるようになっていきました。徐々に先生からも「ここまでやらなくてもいいよ」とか「あまり張り切りすぎるなよ」等と言われ、だんだんと自信を失っていきました。クラスでも徐々に孤立していったのでした。

ある二学期の放課後、ヨシオは掃除当番で廊下のモップがけをしていました。いつものように隅から隅まで丹念に掃除をしていました。そんなとき、クラスの学級委員で成績も優秀なリュウイチ（仮名）が彼の横を通り過ぎるとき、彼が掃除しているモップに足を引っ掛けました。ヨシオはたまらずモップを振り上げると、リュウイチはそのまま階段下に転落してしまい、骨にひびが入る事故につながってしまったのです。リュウイチの周りに集まる友だちと、一人孤立して言葉を発せないまま立ち尽くすヨシオ。すぐさま飛んできた先生はヨシオとリュウイチに話を聞きましたが、うまく伝えられないヨシオはいつものように言葉を出せず、代わりにリュウイチが細かく説明しました。「引っかかったらヨシオがそれを振り払って投げ飛ばされた」。それを聞いた先生はすぐさまヨシオを職員室に連れて行き、烈火のごとく叱りました。他の先生も集まってきて次第に一〇人近くの先生から一方的に叱られ続けたのです。「わざとやったのか」「どうしてモップを振り上げたりした」「お前、突き飛ばしたんじゃないか」「お前みたいな奴が結局悪さするんだ」。一方的に責め続けられたヨシオは一言も弁明せずに帰宅したのでした。

翌日からヨシオは学校に行かなくなった、というより行けなくなりました。しかしこれで終わりではなかったのです。今度は彼の母親が彼を必要以上に追い込んでしまうのです。「学校に行かなければダメだ」「一生を棒に振るのか」「いい加減にしなさい」。彼が行けなくなった理由を聞こうともせず、彼を責め続けてしまいました。そこからヨシオはひきこもり状態になってしまいます。誰とも会いたくない。誰とも話したくない。彼の心の闇はドンドン深くなっていくのでした。

やがて一年以上ひきこもった後、彼は急に動き出しました。今度は家庭内暴力という形で彼は自分の感情を表現していったのです。その暴力は凄まじいものでした。家のなかの物を壊したりめちゃくちゃにするのは日常茶飯事で、テレビや洗濯機、暖房器具まで破壊してしまいます。やがて物から人へと暴力は移行していきました。今度は母親がその的になってしまいます。あたかも以前に不登校になったときに責められた仕返しをするかのように、殴る、蹴る、の繰り返しの毎日が続きました。やがて家庭は崩壊状態になり、母親はたまらず児童相談所に連絡し、母子分離の必要性があるとの判断でヨシオは母親と別々に暮らすようになります。この時、彼は初めて医療機関につながり、アスペルガー症候群であることがわかったのです。

今では定時制の高校に通うヨシオですが、相変わらず不登校気味であることは言うまでもありません。もし、中学校時代の学校全体が彼の特性を理解していたら、彼も彼の母親もここまで苦しまなくてすんだかもしれません。結果としてアスペルガー症候群と診断されたわけですが、彼の少し変わった行動や、表現しづらい様子を彼の個性として捉えていたら、ここまでの悲劇は起きなかったかもしれません。

発達障害を理解することは一人の子どもの成長に関わる上で、とても大切なことなのです。

事例2　生活苦のなかで見過ごされてしまうADHD

シゲル（仮名）は中学を卒業したばかりの一五歳。家は生活保護受給家庭で、生まれたときから貧しい生活を送っていました。元々、何でも活発に活動していたシゲルは友だちも少なくありませんでした。同じような境遇の友だちが、わりと世話好きな彼の周りに集まっていました。小学校のときも、学校には行くのですが教室にじっと座っていることが苦手でした。低学年の頃は「落ち着きがない」「そわそわしている」といわれましたが、それが高学年になっても状態は変わりませんでした。しかし、明るい性格とよい返事をするシゲルは先生からも気に入られていて、ADHD（注意欠陥・多動性障害）的な症状もそれほど注意されないまま中学に入学しました。しかし、中学校では授業をしっかりと聞いていなければなりません。これがシゲルには耐えられませんでした。小学校のときは、授業が終わる五分前には外に出ていたシゲルですが、中学校ではそうはいきませんでした。特に苦手な授業だと、一〇分もしないうちにトイレに行ってしまいます。その頻度が多くなると、やがて担任の先生や教科担当の先生から注意されるようになります。それが続いて、彼は学校に行きたくなくなってしまいました。

シゲルはひきこもって家から出ないというわけではなかったのですが、夜になると外に出るようになりました。しかし経済的に困窮していた彼は、深夜に遊べるほどの資金をもち合わせているることはありませんでした。やがて深夜の遊び仲間と万引きを覚えるようになっていきます。まだ一三歳の頃からです。初めは罪悪感もありましたが、繰り返していくうちにそれも薄れていきました。一四歳の誕生日までに二回ほど通報され厳重注意されますが、母親も怒ると暴力を振るわれる恐怖から何も言えず、シゲルは悪事を繰り返していくようになります。万引きの次は、自分たちより年下の子どもへの恐喝を始めるようになりました。やがてシゲルは母親への暴力事件で逮捕され、緊急措置入院を余儀なくされます。そこで、彼はＡＤＨＤだと診断されます。現在でも彼は、仕事に就けないままでいます。

悪事を繰り返していくうちに、警察も目をつけるようにはなりますが、教育機関につながっていないため、彼の症状を誰もしっかりと見極めることはできなかったのです。中学校での在籍も短かったために、彼の特性を判断することは難しかったでしょう。彼の場合は、家庭内の生活苦が余計に彼のＡＤＨＤとしての個性を見過ごしてしまうことにもつながってしまったのです。

事例３　文字を書くのが苦手な分、周りに気に入られようとした

現在一五歳で中学三年生のヨウコ（仮名）は、小学校の頃から字を書くことがとても苦手でした。文字認識はできるので読むことに苦労はしなかったのですが、書くことだけは苦手だったのです。カタカナの「シ」と「ツ」が何回書いても同じになってしまいます。ひらがなの「あ」と「お」がいつも同じ文字になってしまいます。このことで幾度となく友だちからからかわれてきました。繰り返し笑われたりからかわれるうちに間違える字を書くこと自体が怖くなり、字を書くこと自体しなくなってしまいました。

中学校に入っても字を書くことだけはできませんでしたが、もち前の明るさと元気のよさは先生からも評価されていました。中学校に入学してすぐ、やや自閉的で友だちとほとんどおしゃべりできないトシミ（仮名）の世話をよくしていたことで、担任の先生からトシミのことをよく見てくれるように頼まれることになりました。先生としては面倒見のよいヨウコに頼むことで安心したのかもしれません。しかし、それがやがてヨウコを追い詰めることになっていきます。先生からも頼りにされていると気をよくしたヨウコは、徐々に先生が生徒にするようにトシミに指示をするようになります。同級生なのに上からものを言うようになってしまったのです。それがやがて周りの同級生にも同様な言葉遣いをしてしまい、仲間はずれにされてしまいます。部活では先輩に敬語を使えず、指示するような口調で話してしまい、きつく叱られてしまうのです。やがて教室でも部活でも居場所がなくなったヨウコは、学校に行けなくなります。家にひきこもってしまい、体調を崩したことで母親が病院に連れて行き、やがて彼女はＬＤとＡＤＨＤという診断を受けました。

中学に入学したての彼女は字を書くことが苦手な分、先生や周りの友だちに気に入られようとして人一倍明るく見せたり周りに気を遣っていました。その彼女の本質に気づかず結局、周りの大人が彼女を利用してしまったといっても過言ではないでしょう。彼女を頼りにしてしまうことで、彼女の人との関わりまでも彼女任せにしてしまったのではないでしょうか。彼女の特性にいち早く気づき、彼女のできる能力を引き出すようにしていれば、彼女は苦しまずにすんだかもしれません。

これまでの三つの事例は特徴的ではありますが、中学校という機関のなかだからこそ発見しにくい事例だったといえるかもしれません。しかし、どれも学校や家庭が、発達障害という特性と個性を理解していればもう少し未然に防ぐことも可能だったのではないでしょうか。次は見立てや診断されたことで本人がその特性を伸ばした好事例を紹介したいと思います。

事例4　表現できないのではなかった。やがて表現する方法がわかった

キョウヘイ（仮名）は現在一五歳。学校には行けない日が続いていますが、適応指導教室に通っています。適応指導教室とは、学校に行けなくなった子どもたちが通うことのできる公的な施設です。市町レベルで設置していることが多いのですが、なかには教育事務所単位で設置しているところもあります。

キョウヘイの母親が異変を感じたのは彼が小学校三年生の頃でした。二年生の頃までは教室に入れたのですが、ほとんど言葉を発することができませんでした。それでも書くことや計算はできたので教室に留まっていられたのですが、三年生の頃からは教室に入れなくなり、保健室に

通うようになったのです。しかし、そこで保健室の養護教諭から厳しい言葉をかけられました。「どうしてできないの？」「話さなきゃわからないでしょ？」「きちんと話してみて」。結局、保健室に通うのも週に二回、一回と減っていき、不登校になってしまいます。

家にいるようになってからは何度も母親が病院に連れて行こうとするのですが、キョウヘイは動こうとしませんでした。母親は悩んだ挙句、適応指導教室に来ている臨床心理士に相談することになります。しかし、キョウヘイは臨床心理士の元にも行こうとしなかったので、やむを得ず母親はキョウヘイの様子を逐一、話していきました。一通り今までの話を聞いた臨床心理士は、「彼はアスペルガー症候群の疑いが強いですね」と母親に話しました。このことがきっかけで母親は息子の特性や今までの様子を理解できるようになりました。それから少ししてキョウヘイは適応指導教室に通うようになるのです。

そこでは毎日勉強するために何かを書くわけでもなく、自由に過ごせる時間が彼に安心を与えたこともあり、彼自身の居場所をみつけるようになります。やがて、教室のなかにあるパソコンに注目し、パソコンで「伝える」作業を覚えるようになります。それからは彼の表現は専らパソコンを通してですが、彼は表現することの楽しさを覚えるようになりました。以来、表現することが楽しくなったキョウヘイは短編小説を自作し、教室の先生の評価を受けます。このことがきっかけで彼は今、大作の小説にとり掛かっています。

「伝える」ことは単に文字を紙に書くことだけではありません。キョウヘイのようにパソコンを使って「伝える」ことが自己表現につながることを彼が教えてくれました。彼自身のアスペルガー症候群ゆえの表現方法の難しさが分かっていたら、さまざまなかかわり方も異なっていたのかもしれません。発達障害を理解することは一人ひとりの子どもの大切な思春期を左右する問題だということを、子どもに関わる全ての大人が認識を深めなければなりません。

事例5　自作の歌で表現できた高機能自閉症の女の子

カオリ（仮名）は現在一六歳。単位制の高校に通学しています。彼女は小学校五年生くらいから周りの友だちからからかわれることが多かったのでした。毎日小学校に通うのに、不安が先立ってしまい、いつもカバンにその日の学習がない授業の教科書まですべて詰め込んでいました。当然、カバンは常にパンパンに膨れていたことがからかわれる対象となりました。それでも彼女は不安の方が先立ってしまい、いつでもカバンいっぱいに教科書を入れて通学しました。それに、文章を書くときに句読点がつけられませんでした。伝えることを書くことはできるのですが、句読点をつけないため、長い文章になったり、句読点がない文章を声に出して読まれたりして友だちから笑われたりしました。

中学に入って少しして不登校になり、中学二年生のときから適応指導教室に通うようになりました。小学校時代にからかわれたカバンのことや文章を書いて笑われたことがあったので、なかなか文章を書こうとしませんでした。しかし、カオリは元々文章を書いて伝えることが好きだったのです。自分の想いや心を話して伝えるより、文章で伝えるほうが相手に伝わることがわかっていました。適応指導教室に通う生徒は皆、どこかで傷ついた経験をもっているので、カオリの文章を読んでも笑うことは決してありませんでした。

中学三年生になると専門機関の診断を受け、「アスペルガー症候群」であることを自覚しました。そのことがきっかけになったかどうかは定かではありませんが、ある時、彼女が自分の文章を書いて発表する機会がありました。当初は「できない」と教室のスタッフも考えていましたが、カオリは勇気をもって発表することにしました。すると、短い文章ながら詩的で洗練された文章に誰もが感動したのです。このことがきっかけで彼女は自作の歌を作るようになりました。自分の心を言葉にしてそれにメロディをつけて歌にするのです。初めて作詞作曲した歌は、全て歌うと三〇分近くにもなりましたが、教室の先生方は黙って彼女に歌ってもらうことにしました。すると、その歌に感動して泣き出す子も出るほど素晴らしい出来映えだったのです。

彼女は現在、高校一年生。自分で作った詩にメロディをつけて相手に伝える「歌」というささやかな武器を手にした彼女は、誰よりも輝いた笑顔を返してきます。文章の句読点がわからなくても、自分の心を、そして言葉を伝える方法は、一人ひとりみな違うのです。でもみんな違っても良いのだ、という違いを受容することを、我々大人が試されているのではないでしょうか。

3 発達障害という特性を理解することが出発点にある

いくつかの事例を紹介してきましたがこれはほんの一例であり、どこの地域でも教育機関でも同等のケースは時を問わず起きているでしょう。全てに共通していることは、一人の子ども、一人の生徒のことを考える出発点にあると思います。

ある子どもが授業中、集中できず席を立ってしまう。先生が説明しているのに友だちに話し掛けてしまう。「クラス運営」という観点からすれば、その子をどのようにして席から立たせなくするか、友だちに話し掛けないようにするか、と考えるのも無理のないことかもしれません。でもそれは、一人の子どもの立場ではなく、あくまでもクラス全体を運営するために、どのようにその子をクラスに当てはめようかと考えているのではないでしょうか。もっと大きく捉えると、学校運営上、大勢の子どもたちと違った子どもをどうすれば大勢のなかに順応させることができるか、と考えてはいないでしょうか。それは子どもの立場ではなく、あくまでも大人の立場からの一方的な指導になっています。他の子と違う、大勢と違うその子に何ができるか。その子が笑顔でいられるためにどうしたら良いか、とその子の立場に立って考えるとその子への対応は一八〇度異なってきます。

字が書けない子どもを努力不足だと叱ることは容易いでしょう。字が書けるように指導することもできるかもしれません。しかし、それがその子の特性だと認めれば、字が書けないことを責めるより、字を書かなくても伝えることができることを教えることこそ本来の教育ではないでしょうか。「たった一人の子どもの悩みをすくい上げることができずに、教育という言葉を軽々しく使ってはいけない」、これは私の恩師の言葉ですが、それこそがまさに現代に求められている教育ではないでしょうか。言葉を使って自分の想いを伝えることが苦手な子どもに「時間をかけてもよいからゆっくり話しなさい」という指導は全体教育のなかでは正しい教育かもしれません。しかし、その子が高機能自閉症という特性をもっているのなら、時間をかければかけるほど苦しくなるだけです。言葉で伝えることが苦痛ならば、言葉ではなく別の方法で伝えることを「教える」ことがその子にとっては必要なときもあります。だからこそ、子どもの教育に関わる大人たちはみな、発達教育の特性と個性を十分に理解する義務があるといっても過言ではないのです。

保護者の思いも同じようなことが言えます。人との関わりが難しくなったり、何かしらの原因で学校に行けなくなると、大抵の保護者は「いつか学校に戻るだろう」「いつか友だちとうまくやっていけるだろう」と思いを馳せます。ましてや字が書けなかったり言葉がうまく伝えられなかったりすると、「いつかはできる」「いつかは他のみんなと一緒になれる」と思います。ある母親は「いつか、この子も普通になれますよね」と話されたことがありました。

普通とはなんでしょうか? 隣の子、他の生徒、常に子どもたちは周りと比較されています。周りより優れていれば喜び、劣っていれば嘆く大人がいかに多いことでしょうか。せめて周りより劣らずに「普通」になってほしいと願います。でも、その子がいつも笑顔で愛に満たされ、幸せであることこそ、何よりの喜びになるのではないでしょうか。それこそがその子の「普通」の幸せであり、その子が喜べることになるのです。保護者が皆、発達障害の特性や個性を理解するまでにはまだまだ時間がかかるでしょう。だとしたらやはり、子どもや若者に関わる大人たちの理解が必要となることは言うまでもありません。

4 不登校やひきこもる子どもたちや若者たちの環境整備

たとえば家出をした子どもがいたとします。誰しも家出した子どもに出会ったら「家で何があったの?」と聞くに違いありません。しかし、学校から飛び出してきた子どもに、大人は決まって「なぜ学校に戻らないの?」と聞くのです。学校でいやなことがあったから学校に行かなくなったのに、「学校で何があったの?」と聞く人は少ないのです。「学校に行くのは当たり前」と思っている大人がいかに多いことでしょうか。事例で述べたように、行きたくても行けないで苦しんでいる子どもに「なぜ学校に戻らない」と放つ言葉がどれだけ子どもを傷つけるか、よくよく考えるべきでしょう。どうしてもそこにあるのは、「学校に行くことが正しい」という「大人の良かれ」が暗黙のうちに存在します。

いつの時代も、「大人の良かれ」は押し付けにしかならなくなってしまいます。決して子どもが望んでいるとは限らないのですが、子どもの気持ちなどお構いなしに大人は自分の気持ちを押し付けてしまいがちなのです。子どもたちをとり巻く現代の環境は厳しさを増しています。先輩、同輩、後輩といった本来ならば学校のなかでこそ育める人間関係も、不登校することで一時的にではあれ遮断されてしまいます。冒頭にも述べましたが、現代の教育のなかで不登校がなくなることはあり得ません。けれども、子どもに関わる全ての大人が発達障害の特性を理解し、子どもの立場に立って子どもと寄り添うことができるようになるまでまだ時間がかかります。それならば、不登校する子どもたちやひきこもった子どもや若者たちが望む環境を整備することが何よりも大切なことだと言えるでしょう。小中学校ならば適応指導教室、フリースクール、フリースペース、居場所などが不登校している子どもたちが負い目なく通えるようになっているでしょうか。保護者の方が相談できる教育センター、親の会などの情報がすぐにでも伝わるようになっているでしょうか。そういった情報の共有、そして環境整備が急務なのです。

不登校したりひきこもった子どもたちが責められることは一つもありません。不登校することもひきこもることにも、子どもなりの原因と理由があります。だとしたら、そのこと自体を受け入れて、不登校したりひきこもったりする子どもや若者たちの「学ぶ権利」「遊ぶ権利」「生きる権利」を我々大人が守ることこそ、子どもを、そして若者を守ることになるのです。不登校とひきこもりと発達障害は密接な関係にあります。それぞれを特別視することなく、全てを一人の子どもの特性、そして個性として受容し、その子どもに何ができるかを考えることから始めることが今、求められているのです。

特別寄稿 2

発達障害と少年事件

さいたま家庭裁判所川越支部　熊上　崇

1 家庭裁判所における少年事件の手続き

筆者は家庭裁判所の調査官として現在、主に少年事件の調査を担当しています。発達障害と少年事件について論じる前に、まず一般的な少年事件の法的手続きの流れを概観しましょう。これにより、少年事件が起きたときにどのような流れで処遇が決まるのかを理解していただけるでしょう。

手続きの流れは図2－3のとおりです。少年事件は、少年法の規定により「全件送致主義」をとっています。成人の事件では、検察官が起訴するかどうかを判断しているのですが、少年事件の場合は「健全育成」の趣旨にのっとり、特に軽微な事件を除き、原則的にすべての事件が家庭裁判所に送致され、家庭裁判所の調査官が少年や保護者と会うほか、学校関係者や雇用先など少年の育成に携わる人々に状況を聞きながら、どのような処遇が少年の今後にとってふさわしいのかを決めていくのです。

家庭裁判所に事件が送致された段階で、事件が重大であったり、心身を詳しく鑑別する必要がある事案の場合は、「観護措置」といって、鑑別所に最長四週間入所します（ただし、事件性に争いがある場合は最長八週間と規定されています）。

鑑別所では、行動の観察や心理技官、精神科医による面接や各種検査が行われ、どのような処分が相当であるか、またどのような処遇を行っていくべきかの詳細な意見書が家庭裁判所に提出され、処遇決定の重要な資料となります。

家庭裁判所では、前述のとおり家庭裁判所調査官が、少年と保護者に面接を行います。調査官は事件の内容を確認するとともに、少年の生育歴、発達歴、家族の状況や学校の状況などを聴取します。家裁の調査官は、心理学、教育学、社会福祉学、法律学などのほか、実践的な面接法や心理検査法などを身につけている専門家です。発達障害が疑われる事例では、保護者からこれまでの詳細な生活

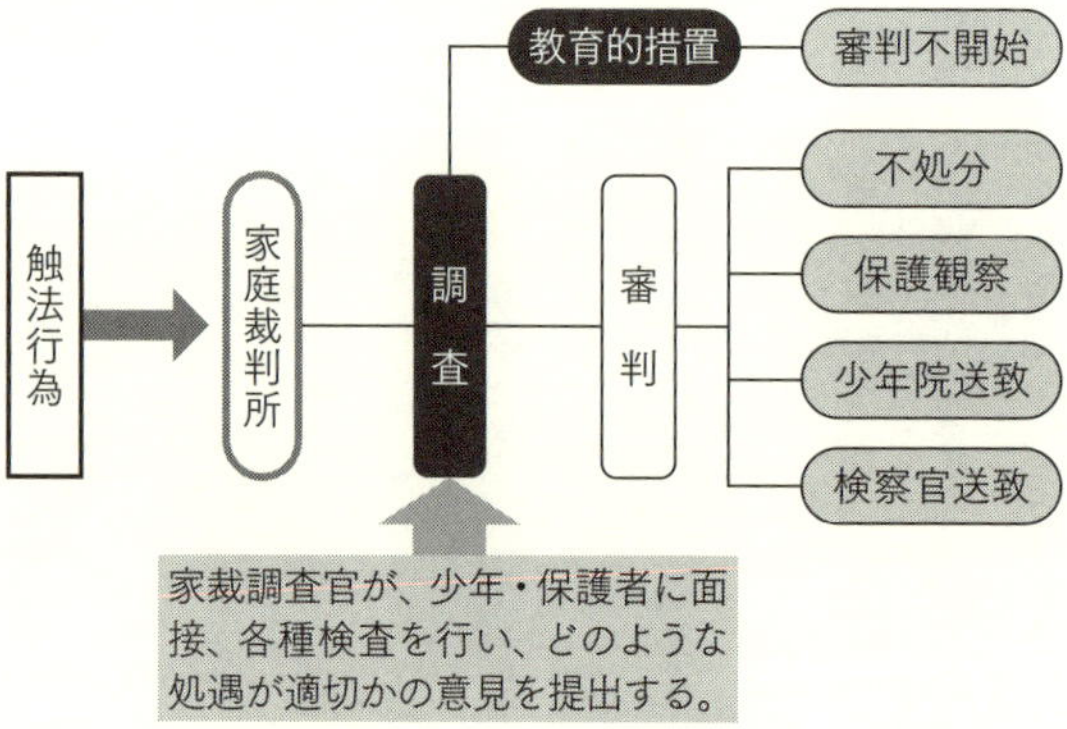

図2-3　少年法の手続き

歴や家族関係を聴取したり、学校に在籍している場合は、学校教諭や主治医などから詳しく事情を聞いて適切な処遇に活かすことがよくあります。

こうした鑑別所や家裁調査官の調査結果をもとに、裁判官が処分の言い渡しを行うのが、わが国の家庭裁判所における法的手続きなのです。

2　広汎性発達障害を有する触法事例の概観

近年、わが国では自閉症スペクトラム障害（Autistic Spectrum Disorder　以下「ＡＳＤ」と記載します）の診断を受けた少年事件が相次いでいます。

少年事件では豊川市の主婦殺害事件（二〇〇〇）が本邦で最初にＡＳＤの鑑定がなされたケースですが、その後、長崎市男児突き落とし殺害事件（二〇〇三）、佐世保市女児殺害事件（二〇〇四）、石狩市同級生母親殺害事件（二〇〇五）、寝屋川市教職員殺傷事件（二〇〇五）、静岡県タリウム事件（二〇〇五）、町田市女子高生殺害事件（二〇〇五）、奈良県医師宅放火殺害事件（二〇〇六）など、特異で重大な事件においてアスペルガー障害または特定不能の広汎性発達障害（ＰＤＤＮＯＳ）との鑑別・診断が家裁段階または処分決定後になされています。

また、成人事例では浅草レッサーパンダ事件（二〇〇一）においてＡＳＤ、全日空機ハイジャック機長殺人事件（一九九九）においてアスペルガー障害がそれぞれ鑑定されています。

このように、わが国で近年惹起されている重大事件でＡＳＤの診断がなされているのですが、海外での調査報告はどうなっているのでしょうか。

英国のTantam（1988）は六〇名（一六歳から六五歳、平均年齢二四歳）のＡＳＤの人について、触法行為を行ったのは一四例（二三％）と報告しています。内容は、財産犯四件、暴行三件、放火三件、性犯罪四件（うち公然わいせつ三件、強姦未遂一件）であり、一般犯罪群に比して放火や性犯罪の割合が高いのが注目されています。暴行犯の内容も、切り裂きジャックやナチス、恐怖映画への病的な関心から実行していたもの、女性に対するサディスティックな実験を実行に移したものなどがあります。さらに、犠牲者の苦悩を共感的に理解しておらず、やったことを隠そうとせず、後悔するのも稀であったと記載されています。

スウェーデンにおいては、Siponmaaら（2001）が同国の司法鑑定センター（殺人や強盗、放火、性非行など重大事件を対象としています）の一二六ケースを分析したところ、このなかで一五％にＡＳＤがみられ、とくに性非行と放火事例が多いことを報告しています。

国内の調査報告をみると、家庭裁判所の送致事例では、熊上（2009）が二ヶ所の家庭裁判所を対象としてＡＳＤ事例を調べたところ、Ａ家裁では一六六例のうち七例（四・二％）、地方都市のＢ家裁では一〇七例のうち四例（三・七％）でした。事件類型では、性非行が七例（六・三％）と多く、いずれも異性への興味関心が高じたのちに、不適切な声かけや身体接触により、事件化したものでした。また、ASDを有する一一例のうち三例では軽度の知的障害を併存していましたが、それ以外は通常の中学校や高校へ在籍していた高機能ASDの人であり、すべて未診断例であったと報告されています。

3 ASDを有する触法事例の発生基盤

ASDの触法事例の発生基盤については、十一（2004）が「対人接近型」「実験型」「二次障害」「関連症状」などに分類しており、ASDを有する触法事例を司法場面で理解するうえで大変有用なものとなっています（表2－5）。

ASDが示す障害特性には、DSMの診断基準にある対人相互性の障害や同一性保持（こだわり）などの障害そのものの特性（一次障害）と、障害そのものではないが、関連する症状（パニックや被害念慮など）、さらに通常の学校及び社会生活を送る高機能者に現れやすい特性など、いくつかの側面があり、それに呼応した触法行動のパターンが見られます。

表2-5　ASDを有する触法事例の分類

医療的分類	
一次障害	対人相互性の障害
	限局された興味関心
早期関連症状	パニック
後期合併症	被害念慮
二次障害	体罰や不適切な指導への反応
高機能者型問題	外見的には順調に進学するが、思春期以降の社会参入、対人関係の形成時に齟齬を生じる

司法精神医学的分類	
従来型の非行	例：場所をわきまえず他者に触れる
	例：興味関心のあるものを盗む
	例：パニックや癇癪の際に他者に危害が及ぶ
	例：過去の対人関係の失敗から被害念慮になり、武器などを持ち歩く
	例：体罰を受けた家人に対する家庭内暴力など
対人接近・関心時の過誤（高次の対人状況が契機）	例：積極的に対人接近を図り失敗、仲間との同調行動における失敗、異性への接近方法の失敗、ストーカー的行為
理科実験型	自然・科学現象の実験、検証行動、例：爆発、落下、薬物など

（十一　2004を参考に筆者が作成）

①　一次障害が非行の契機になる場合

一次障害（対人相互性や強迫的傾向）が関与する触法事例としては、マニアが限定的な興味関心に基づいて盗みを行う事例などがあります。アスペルガーの原著においても、毒物にとりつかれ、異常な知識をもち収集し、青酸カリを盗む事例が紹介されています。熊上（2006）においても、銃器への関心からモデルガンを盗む事例、鉄道マニアが鉄道部品を盗む事例など見られました。

②　関連症状が非行の契機になる場合

二次障害は早期関連症状と後期関連症状に分けられます。早期関連症状はパニックなど一次障害に付随するものであり、後期関連症状は障害のゆえに家庭や学校などの周囲から体罰をはじめ不適切な対応を受けたために被害念慮を募らせた結果、被害妄想的な様子を見せたりするものです。これらが関与する触法事例として、早期関連症状では電車内で読書を中断されて暴行した女子大学生の事例（傷害事件）、後期関連症状では、いじめ被害を受けてナイフや武器をもち歩く銃刀法違反の事例がありました。

③　高機能者に特有の問題が非行の契機になる場合

高機能者型問題とは、表面的には通常の社会生活を送る高機能者が仲間関係や異性関係、職場の同僚関係など「高次の対人状況」において生じる対人関係で、周囲との齟齬に関する問題です。通常、思春期青年期からの社会参入によって、対人場面はより複雑になります。ＡＳＤの人の場合、他者への接近に際して、その障害特性から時と場所をわきまえた適切な対人場面の理解が困難であるために種々の行き違いが生じ、それが結果的に法に抵触することがあるのです。

十一（2004）によると、高機能ＡＳＤの人は「一次障害」や「早期関連症状」が目立たないため、外見的には順調に進学を続けますが、学校や一般社会への参入にあたり、対人状況が本人の理解を超えたとき、周囲からすると不適切な対人行動を起こすことがあり、特に仲間関係における同調行為の失敗、異性への配慮を欠く接近やストーカー的行為、対人関係における疑問検証・確認行動など、「高次の対人状況」を契機とした問題行動が起きることがあるといいます。これらの触法事例は、発生機序として重要なものです。

こうした高機能者の触法事例のうち、多くは中高生に至るまで不良顕示性などの一般的な非行性はありません。しかし思春期以降になると、対人関心・接近欲求や性的興味の高まりから、たとえば街角のカップルを真似て突然女性に触れたり、公衆の面前や公共機関内で性的接触を図ろうとする場合があります（藤川ら 2002）。手口は一見すると理解に苦しみますが、多くは、アダルト本やビデオ、インターネットなどの手本を模倣しているに過ぎず、たとえばビデオ等の登場人物は拒否する姿勢がないので少年らはこれを盲信し、実行に移す場合があります。このため「ビデオでは喜んでいたのに」「だってみんな（ビデオでは）やっているよ」と捕まってから驚く少年の事例もみられたことがあります。

④　理科実験型の契機

他に、医学的症状とは別に、「理科実験型」という発生契機があります（十一 2004）。アスペルガーの原著のなかでも「お母さん、ナイフがあったら心臓を突き刺してみたい。血がうんと流れてすごいだろうな」という七歳男児の例、匂いの「実験」につぎこむ「自然探求者」の事例を紹介しているほか、タンタムは一六歳の少年が地元ショッピングセンターで乳母車から赤ん坊を抱き上げ、三〇フィート下のコンクリート歩道に突き落とした事例を紹介しています。このように落下、線路実験、小動物反応、火炎や爆発など自然・科学現象に対する理科実験的な検証行動が触法事例として現れることがあるのです。また、これら検証探求行動の対象が「人」であるときは生物実験的要素を見せることがあるので十分な対策が必要です。

以上のような発生基盤に照らし、実際のＡＳＤを有する触法事例四八ケースについて分類した結果は図2－4、2－5のとおりです（熊上 2006）。事件内容では性非行が四割近くを占めていること、知的能力はIQ70以上のいわゆる高機能者が多く、通常の中学や高校出身で事件を起こすまで診断を受けたことがないこと、非行の発生基盤としては、思春期以降に異性への関心が高まりますが、適切な接近スキルをもたないために、成人向けのビデオや本、インターネットなどの情報を模倣した「対人接近時の過誤」が契機となっているケースが多いのが特徴です。

さらに、国内外のASDを有する触法事例の文献調査（熊上 2008）では、三七ケースの触法事例について、性非行の割合が多く、IQ70以上の人が多いことに加え、家庭環境要因も大きく、身体的虐待やネグレクトなどの問題も多く見られたと報告されています。

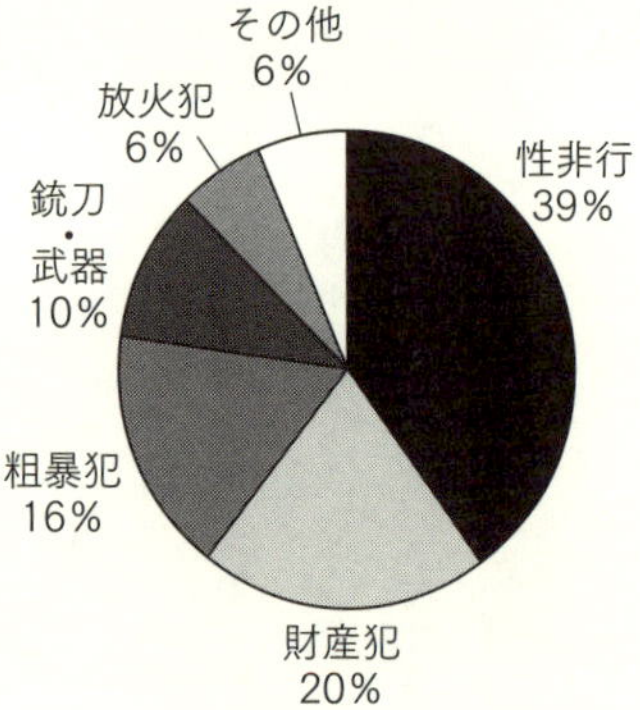

図2-4　ASDを有する非行事例の事件内容
（熊上〈2006〉を参考に作成）

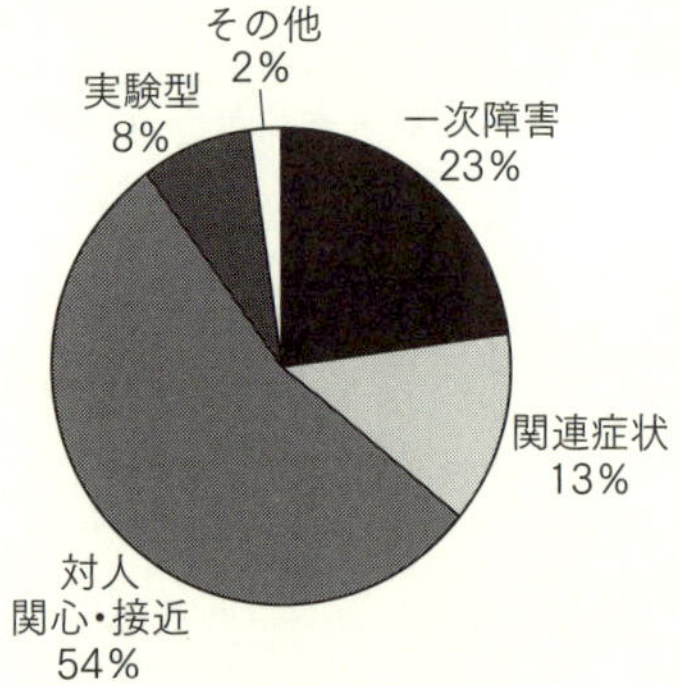

図2-5　ASDを有する非行事例の発生基盤
（熊上〈2006〉を参考に作成）

4 家庭裁判所で行う処分の内容

① 少年院

処分の内容は、厳重注意（審判不開始、不処分）、保護観察、少年院送致などがあります。少年院送致になるケースは、事案が重大であることや、矯正施設における教育を行うことにより再非行の防止が優先される場合です。

中程度の知的障害や、コミュニケーションの顕著な障害を有している少年の場合は、特殊教育課程をもつ医療少年院（神奈川医療少年院や宮川医療少年院）に送致されることが多いのですが、対人疎通性があり、行為障害的な要素が強い少年の場合は、職業補導や生活訓練、学業を中心とする普通の少年院に送致されることもあります。少年院の収容期間はほぼ一年が標準ですが、重大事件の場合はさらに長期の収容期間をとることもあります。

少年院というと、あまり良くないイメージをもたれる方も多いと思いますが、筆者は仕事上で度々少年院に行き、少年や教官と話をします。そのとき、多くの少年たちは安定した環境で目標をもって勉強や資格取得、生活訓練に打ち込み、充実した顔を見せています。おそらく、こうした教育機会がこれまでなかったのでしょう。また、少年院の教官は「少年院の先生たちは、自分の子どもよりも生徒たち（少年院の教官は、少年院生を「子どもたち」「生徒たち」と呼ぶことが多い）と一緒に過ごしている時間が長いし、気にかけているのです。教官は敷地内の住宅で休暇中でも何かあればかけつけるほど常に生徒たちのことを気にしているのです。それが信頼関係につながっていき、今まで大人や社会を信頼していなかった生徒たちも心を開くようになるのです」と話していました。いずれも少年院は七〇～一〇〇人程度の少人数で多数の教職員が配置され、規律ある生活習慣のなかで、それぞれの個性に応じて円滑に社会復帰するために、その大前提として共同生活による信頼感をもとに、退院後を見据えて社会へのスムーズな適応をめざすのが最大の特徴なのです。

② 児童自立支援施設

一四歳未満の事例である長崎市（突き落とし事件）や佐世保市（小学校内の女児殺害）の事件では、いずれもアスペルガー障害が診断されました。そのうえで児童自立支援施設送致の決定がなされています。

少年法では一四歳に達していれば少年院に送致することができますが、一四歳未満の場合は、児童相談所を経て家庭裁判所に送致され、重大な結果を招いてしまった少年については「児童自立支援施設」に送致されることが多いのです。

「児童自立支援施設」は厚生労働省所管の施設であり、以前は「教護院」と呼ばれていたものですが、最近は被虐待児や家庭で養育できない子どもが入所することも増えてきました。各都道府県に一施設以上あるほか、国立の施設が男女別で設置されています。

児童自立支援施設は、基本的には「夫婦寮舎制」です。一つの平屋建ての寮に六～七人の生徒が暮らしています。少年院と違って鍵のかからない開放処遇であり、庭に花が手入れされ、多くは鶏や犬を飼っています。指導員は「寮長」さん、「寮母」さんと呼ばれており、実際の夫婦であることも多いのです。寮のなかでは生徒たちと擬似的な家族関係を作り、これも昼夜問わずに一緒に生活することを通じて健全な心身の発達を支援しています。

児童自立支援施設のなかには公立の小学校、中学校の分校があるため、生徒たちは朝起きて学校に行って勉強し、放課後はクラブ活動をして、夕方から寮で勉強や掃除や炊事などの共同作業を行います。そのため、寮のなかには各自机が与えられて、それぞれが教科書を並べています。入所期間は一年以上の長きにわたり、なかには中卒後も帰るべき家庭がないために、そのまま児童自立支援施設から通う場合もあります。

③ 保護観察

保護観察は、家庭裁判所の審判で決定を受ける「1号観察」と、少年院の仮退院時につく「2

号観察」があります。いずれも、社会内で保護観察官や保護司の指導を受けて、学校生活や職業生活の安定をめざすものです。

④ 家庭裁判所の試験観察

これまで、少年院や児童自立支援施設、保護観察などの制度を説明してきましたが、このほかに処分決定を一時留保し、数ヶ月間の間、家庭裁判所の調査官が少年の生活指導を行って経過を観察し、その結果によって最終処分を決定する制度が少年法上の「試験観察」です。これには住み込み就労などを行う「補導委託」と自宅での生活をみるものと二通りがあります。「補導委託」では長年家庭裁判所の少年事件に理解のある雇用主（たとえばクリーニング店、工務店、飲食業など）により、仕事をしながら社会の常識や、仕事を継続するための力を身につけることを目的としています。

また、在宅の場合は、月に二、三回ほど家庭裁判所に通い、いくつかの条件を付されてそれが遵守されているかどうかをチェックするとともに、少年や保護者の相談に乗っています。

5 ASDを有する少年の試験観察事例

A君は、出生時より健康体。幼少期から場の雰囲気が読めず「どうしてあんな顔なの?」などと言うことが度々ありました。モデルガンやライターを好んで収集していました。学業成績は優秀であり進学校に入っています。ウェクスラー知能検査では、八桁まで数字の逆唱ができ、符号問題も一瞬にして暗記して時間内に全問を終えます。自閉症者が苦手とする絵画配列を含め、その他の項目の成績も良好です。高校では先輩後輩の上下関係が理解できず部活動では不適応を示しましたが、地域のクラブチームは上下関係がなかったため頑張って参加していました。最近はアクション物の映画を模倣していることが多かったようです。

今回はアダルト雑誌で性的内容の漫画を見て、異性への興味が高まり、単純に自分もやってみたいと考え、漫画のとおりの怪しい格好を模倣し、白昼堂々と面識のない女性にいきなり抱きつきました。少年は捕まった際に「だってみんなやっている」と述べて取調官や親を驚かせました。少年はビデオでは登場人物が喜んでいたのを盲信していたといい、逮捕されて初めて、実際には被害者が嫌がることに気付いたといいます。

A君は、人付き合いの苦手さから、いつもうつむいて自信がないタイプでした。鑑別所ではASDと診断されました。

このため、家庭裁判所では「ＡＳＤについて専門的な医療機関での通院をすること」「女児への話しかけ、接触をしないこと」などを条件として、試験観察の決定をしました。

Ａ君はある大学病院でＡＳＤの診断の告知を受けましたが、当初はなかなか受け止められませんでした。しかし、医師が親身になって「これから社会でうまくやれるように、いろいろな練習をしていきましょう」と話してくれたので、通院はしっかりと行っていました。また家庭裁判所での課題は、現実に毎日のように起きている事件の新聞記事を題材にしながら、被害者の気持ちやその社会的影響を考えることに意欲的にとり組んでいました。

また、Ａ君の母親はＡＳＤの診断を受けたことで少年以上にショックを受けて「私が生んでしまったから」などと自責の念を強めていました。そこで調査官からは、ＡＳＤの一般人口中の頻度やその障害特性について話をするとともに、これから少年と一緒にＡＳＤについて学習していこうと提案すると、母親も賛成しました。その後は少年と母親で図書館に出向いてＡＳＤの学習をすると「確かにＡ君にあてはまるところがある。これからも学習をしたいし、同じ障害をもつ方々の保護者の皆さんと話をしたい」との要望があったので、地域の障害者協会を紹介し、連絡をとるに至りました。

このように、家庭裁判所の試験観察では、単に「再非行がないように厳しく監督しチェックする」だけではなく、少年や保護者がより良く社会で生きていけるように、司法的な立場から支援をするという観点で助言や面接を繰り返しています。その際、少年の発達障害特性や家庭環境、保護者の状態に応じて、医療機関やその他の専門機関と積極的に連絡をとって、少年や保護者が安心して相談できる体制づくりをすることを目標としています。なぜならば、発達障害を有する人が触法行為に至ってしまう場合というのは、障害そのものの影響というよりも、社会的な孤立や相談する場のないことが大きな要因になっていると思われるからです。

以上に述べたように、少年事件に関わる各機関では、それぞれの少年および保護者に対して、事件についてはしっかりと反省し二度としないように厳しく注意しつつも、その後の社会復帰を常に視野にいれて指導助言を行っているのです。

6 今後の課題

ＡＳＤをもつ触法事例について、すでに知的障害により療育手帳を受けているケースは、福祉機関と連携して社会復帰の調整をすることもできます。しかし、司法事例では、普通程度の知的能力がある場合が多いため、これまで福祉機関や医療機関での関わりがなく、未診断のまま推移し、対人・社会不適応が起きてからはじめて診断がなされている事情が多いことを銘記すべきです。

また、ＡＳＤを有する触法事例では、事件の内容が特殊で社会の耳目を集めやすかったり、司

表2-6　ASDをもつ触法事例の特徴と留意点

	特　徴	留意点
非行場面	① 人目につく、発覚しやすいことが多い。 ② 第三者からは特異でも、本人には一貫したロジックが存在する時がある。相手の言動等にかかわらず行為が持続することがある。	対人相互性の障害や、限局された興味関心の追求、模倣が非行の形式面であらわれる場合が多い。
調査・審判時	① 自己の関心事になると能弁だったり、場にそぐわない表情・振舞いが見られる時がある。 ② 非行の認識や被害者感情について、社会性の障害から場違いな応答が時々みられる。 ③ 法廷や審判廷、謝罪などの新奇で緊張を要する司法場面において、予想を超える事態に直面するとパニックや興味・関心への没入が起きる時がある。	司法場面や謝罪などの複雑な対人場面における社会的に許容される言動をあらかじめ教示しておく必要もある。
処遇時	① 規則は遵守するが、独自のロジックに固執傾向がある。このため非行に結びついている一貫したロジックがある場合はその変更を考える必要がある。 ② こだわりの対象が危険な場合は対処を要する。	ブロードフェノタイプの保護者に対して対被害者や司法場面での振舞いについて具体的な助言が必要。地域の医療機関や福祉機関との連携を要する。

（熊上，2009）

法場面において通常期待される内容とは異なる応答や態度が見られ、反省が乏しいと司法機関や被害者に誤解を招く可能性もあることに注意する必要があります。表2－6（熊上 2009をもとに作成）ではＡＳＤを有する触法事例を扱うにあたって留意すべき点をまとめましたが、司法関係者はこれらの諸特徴を十分に認識する必要があるでしょう。そのうえで、司法機関もさらに発達障害に関する理解を深め、将来を見据えた処遇を行う必要があるのです。

【参考文献】

1）熊上崇（2006）：広汎性発達障害をもつ非行事例の特徴、精神神経学雑誌、108, 327-336
2）熊上崇（2008）：広汎性発達障害をもつ触法事例の文献的研究、児童青年精神医学とその近接領域、49, 25-34
3）熊上崇（2009）：アスペルガー障害を有する触法少年の司法場面における行動特徴、児童青年精神医学とその近接領域、50, 16-27
4）熊上崇（2009）：広汎性発達障害を有する非行事例の頻度と特徴、ＬＤ研究、18, 138-146
5）藤川洋子、梅下節瑠、六浦祐樹（2002）：性非行に見るアスペルガー障害―家庭裁判所調査官の立場から、児童青年精神医学とその近接領域、43, 280-289
6）Siponmaa, L., Kristiansson, M., Jonson, C. et al.（2001）：Juvenile and young adult mentally

disordered offenders: the role of child neuropsychiatric disorders. *The Journal of the American Academy of Psychiatry and the Law*, 29, 420-426.

7) Tantam, D.（1988）:Lifelong eccentricity and social isolation, 1. Psychiatric, social, and forensic aspects. British journal of Psychiatry, 153. 777-782（中根充文（2000）：生涯にわたる奇矯さと社会的孤立I―精神科的、社会的、および法的側面、自閉症と発達障害研究の進歩、Vol. 4 東京、星和書店）

8) 十一元三、崎濱盛三（2002）：アスペルガー障害の司法事例―性非行の形式と動因の分析、精神神経学雑誌、104, 561-584.

9) 十一元三（2004）：アスペルガー障害の社会行動上の問題、精神科治療学、19, 1109-1114.

10) 十一元三（2006）：司法領域における広汎性発達障害の問題、家庭裁判月報、58 (12), 1-42.

第3章

成人期発達障害者の課題

1 学校教育の問題

学校教育の段階で問題を生じるのは、先に形ありきの教育であり、子どもが主体となっていないからだと考えます。学校での主要な授業内容は教科教育です。とりわけ、小学校では国語、算数、理科、社会などの授業が多く、英語も導入されました。中学校もほぼ同様です。教科教育が悪いというわけではありません。ただ、発達障害のある子どもたちにわかりやすいような教科教育となっているとはいえません。ある特別支援学校では、職業国語、職業算数などという名称で、職業に関する授業を行っているところもあります。発達障害児の場合、学校卒業後の就労について何も情報がないまま、就職しても自分に合わず、結局退職してしまう例が多いのです。それは、学校在学の段階で職業に関する知識を得る機会が少ないからだと考えます。

子どもによっては、自分の親がどのような仕事に就いているか知らない場合もあります。成人期に達した段階で必要なスキルを学校段階で教えていないのは、彼らにとっては真の教育の意味をなしているとはいえないでしょう。

トーマス・エジソンはLDとかADHDだったといわれていますが、小学校一年生を三ヶ月で退学になっています。彼は学校の型にはまった勉強が合いませんでした。しかしながら、母親によるホームティーチングで好きなことを発見し、集中して勉強に取り組むことになり、あれだけの大発明をしつづけたのです。

エジソン以外に発達障害だったのではないかといわれる偉人はたくさんいます。ADHDだったのではないかといわれている人には、坂本龍馬、レオナルド・ダ・ヴィンチ、ジョン・F・ケネディ、アーネスト・ヘミングウェイなどがいます。LD、なかでも文字を読むことが困難なディスレクシアとして俳優のトム・クルーズ、アスペルガー症候群（高機能自閉症）としては、アインシュタイン、ニュートン、トーマス・ジェファーソン、モーツァルト、ゴッホ、ガウディ、エリック・サティ、ビル・ゲイツなど枚挙にいとまがありません。

彼らは、学校の勉強には合うものもあったようですが、全く合わないものもあったようです。しかし、立派な業績を上げており、その能力に応じた仕事に就いたといっていいでしょう。

2 高等教育と発達障害者の就労

ポストセカンダリースクールといわれる、高等学校卒業後の教育において、発達障害の人たちは専門学校や高専（高等専門学校）、短大、大学、大学院等へ進む人たちもいます。しかしながら、発達障害学生の能力特性に応じた指導がなされているところは少ないと思われます。米国では一一四七の大学にLD学生専用の相談室が設けられており、学生生活全般において必要なサポートが行われています。

具体的には、「履修申告の仕方を教える」「文章を読むことが苦手なディスレクシアの学生にはペーパーテストではなく口頭で試験を行う」「注意力散漫のため行を読み飛ばしてしまうADHDの学生には、一行だけが見えるようなスケール（穴が開いた定規）を用いる」「就職前の指導としては、履歴書の書き方を教える」「企業主との面接の仕方を教える、あるいは同伴する」などです。

アスペルガー症候群と診断されたある大学院生は、大学での成績は極めて優秀で、コンピューターに関する専門の資格も所有していましたが、就職希望先の企業に応募書類を送っても、どの会社も面接前の段階で落とされてしまいました。

彼の履歴書を見てみると、既往症のところに「三歳で風邪を引き、四歳でお腹が痛くなり、五歳で怪我をし……」など、過去にかかった病気をすべて記載していたのです。履歴書を見た採用担当者は、数多くの病気をもっている学生だと考えたため、書類審査の段階で彼を敬遠してしまったのでしょう。

彼の場合は、仕事そのものの能力よりも履歴書の書き方や面接の仕方などのソーシャルスキルに問題があったのです。

3 犯罪と発達障害

一般に学校に適応できなくなると不登校になるか非行に走るといわれています。学校に行くよりもゲームセンターに行った方が楽しい、行くところがないのでコンビニでたむろしてしまう、などの少年少女のなかに発達障害のある子どもも多いといわれています。また、少年院に入院している子どもたちのなかにも発達障害が多く、そのためのプログラムが実施されているところもあります。

ある女子少年院では、その非行の中身として援助交際がもっとも多いといわれています。「学校に行っても先生に叱られ、友だちにいじめられる。家に帰っても両親から勉強しろといわれ、逃げ場がなくなってしまう。そんななか、繁華街に出るといっぱい男の人に声をかけられる。表面的には優しくしてくれるだけで自分が存在している意味を見いだす」という場合もあるようです。援助交際が進むにつれ、覚せい剤などの薬物に手を出すことも考えられます。そういったことが悪いという判断力をもっている人もなかにはいたとしても、他に癒す場所がないため、非行

表3-1　発達障害と犯罪

奈良医師宅放火事件 高校1年生の男子生徒が自宅に放火し、継母と子ども2人を焼死
サレジオ高校事件 高校1年生の男子がいじめの復讐に同級生をナイフで刺殺
永山則夫事件 19歳の少年が警備員やタクシー運転手など計4人をピストルで射殺
秋葉原事件 26歳の男が秋葉原の歩行者天国にトラックで突入し、その後ナイフで殺傷
板橋事件 15歳の男子高校生が両親を殺害した後電熱器とタイマーを用いて爆発させる
八戸事件 18歳の少年が母親と弟妹を殺害し、母親の腹部を切り裂き人形を挿入
黒磯市バタフライナイフ事件 授業に遅れた男子中学生が叱った女性教師を刺殺
佐世保事件 小学校6年生の女子児童が同級生をカッターナイフで刺殺
長崎園児殺害事件 中学1年生の男子生徒が4歳の園児を電気店屋上から突き落とす
大阪姉妹刺殺事件 22歳の男が大阪市内のマンションで姉妹を刺殺(16歳時に母親を金属バットで殺害)
寝屋川教職員殺傷事件 小学校に侵入し、男性教師を包丁で殺害、女性教師と栄養士を傷害
豊川市主婦殺害事件 17歳の少年が面識のない62歳の主婦を殺害
タリウム事件 高校1年の女生徒が母親の食事の中にタリウムを混入し母親を衰弱
会津若松事件 高校3年生の男子生徒が母親を殺害し、頭部と右腕を切断

（高岡，2009）

や犯罪に走る可能性があるものと考えられます。

発達障害と犯罪については、新聞等のマスコミによってあたかも関係が深いような記事を目にすることがありますが、必ずしも発達障害があるから犯罪を引き起こすとはいえません。

精神科医の高岡健氏は、その著書『発達障害は少年事件を引き起こさない』のなかで発達障害と犯罪の関係について、表３－１に示されるようなさまざまな事件の経緯を考察されています。

一方で、京都大学の十一教授は「アスペルガー障害と社会行動上の問題」のなかで、問題発生の基盤と考えられるものとして、「性的関心型」「理科実験型」「高次対人状況型」「従来型」に四分されています。

「性的関心型」では、雑誌やインターネットで得た情報（特に視覚情報）に誘導されることが多く、事件の内容のほとんどが強制わいせつ事件となっており、異性幼児や同性の生殖器、妊婦の腹部への強迫的関心が含まれています。「理科実験型」では、放火、落下、線路実験、植物栽培、小動物などの反応がみられますが、加害的意図に乏しいタイプです。「高次対人状況型」とは、対人的距離感、グループ固有の「乗り」の共有、親密さに裏打ちされた悪戯や批判、相手の動因を直感的に察知した配慮、居合わせた人（たとえば異性）を自然に考慮した言動などの対処能力が乏しいタイプです。そして「従来型」とは、公共の場で生じたパニックにより第三者にけがをさせたりするタイプです。

また、長らく家庭裁判所で調査官をされていた藤川教授は、「非行を犯した子どもたちと話をしていると、社会とはどのようなものか、社会のなかでの自分の『立ち位置』はどのあたりか、そういうことが彼らにはわかりにくくなっている」と述べられていますが、社会と自分との間の距離や関係などがうまく処理できていないのだと思います。そして、「小学校の高学年くらいから身近な法律、たとえば道路交通法違反や刑法、民法についての教育があるべき」ということです。

藤川教授は、ＰＤＤ（広汎性発達障害）と犯罪について「対人関係接近型」「実験型」「パニック型」「清算型」「本来型」の五つの分類をされて説明されています。

「対人関係接近型」の例として、友人宅で見たわいせつ漫画を模倣した一七歳男子高校生が出てきます。この高校生は公園で帽子、サングラス、マスクをして女子学生の背後から接近し、両手を回して両乳房をつかむといった行動を起こしたのですが、漫画では気持ちがいいことになっていたにもかかわらず、快感が得られなかったため再度実行し、警察に捕まった後でも他人事のようにケロッとしていました。

「実験型」の例では、父親の影響でエアガンや模造銃に興味をもった一四歳の男子中学生がアクション映画を好み、徐々に爆発物に関心が移った結果、連続放火したのですが、少年院入院後もエアガンのカタログの差し入れを希望し、将来は秘密工作員の仕事に就きたいなど、罪悪感がないのです。

「パニック型」の例では、軽度知的障害のある一九歳無職の少年が特別支援学校卒業後、仕事が続かず、ゲーム三昧の生活となり、病気療養中の父親がゲームを中断し、別のテレビ番組を見せるように要求したところ、数十回にわたり父親に暴力を振るい死亡させました。

「清算型」の例は一八歳のアルバイト男子で、有名高校に在学中強制わいせつ事件を起こし、退学しました。このとき、警察の捜査により退学させられたと被害意識をもち、完全犯罪により警察の鼻を明かそうと強盗したものの、被害者の抵抗が予測できず逮捕されました。

「本来型」の例は、知的にはボーダーラインの一七歳男子高校生です。恥ずかしいという感覚に乏しく、人通りのある公園で自慰行為を行いました。母子家庭で母親は入浴後の時間を裸で過ごすような環境が原因だったのかもしれません。性非行の気まずさを示すことはなく、パチスロでは才能を発揮し、ゴト師の手先となり、高校生としては多額の収入を得ました。


以上の事例に共通する点として表3－2のような問題を示されています。

これらの問題に対処するためには、藤川教授は「私だけはあなたの非行や犯罪を理解する」という受容、共感、支もという基本的アプローチでは、逆にアスペルガー症候群の人を混乱させてしまうために、できることや意欲の出ることを足がかりに学び、成長し、変化する発想が必要だと述べられています。

表3-2　アスペルガー症候群者の犯罪や非行に共通する問題

社会性の障害
反省するということはどういうことかという意味理解が困難
集団を作って生活しようとする人間本来の「社会性」がない
他人から非難されるという他者の視点を想像できない
恥ずかしさや恐れを認識できない
起こした事件がすべて他人事のよう
コミュニケーションの障害
尊大、あるいは奇異と感じられる言語表現
表情は硬く、ほとんど視線を合わせられない
反省ノートには人をからかうような記述
コミュニケーションが独善的、かつ一方的
想像力の障害
他人の気持ちを想像することができない反面、自分の知識や経験に頑固なこだわりを示す
気に入った行動に関しては集中して行う
それがわがまま、自己中心、変わり者といわれる
逆に従順な性格
そのため、他人から利用されてしまう

（藤川，2008）

先に述べたように発達障害者が犯罪を引き起こしやすいというわけではありません。むしろ、発達障害と犯罪の関係は発達障害を有しない人と犯罪の関係に比べるとその割合は少ないという報告があります。

ただ、表3-2に示されるように発達障害であるが故の対人関係や社会性の理解困難性から、犯罪に関係しないように早めに対処することは必要だと考えます。

犯罪を未然に予防するためには、サカキバラセイト事件のように殺人を起こす前に生じていた動物虐待の段階でその萌芽がみられているため、その段階で興味・関心を他のものへ向けさせることができたかもしれません。

問題行動といわれるものは、適切な行動と相反するものです。よって、問題行動を制御するのではなく、適切な行動に従事させることによって問題行動の出現を防ぐことができます。具体的には、興味・関心を習い事や資格取得などに向け、また本人にあった適切な仕事に従事することにより二律相反する行動を制御することができるでしょう。

【参考文献】

1）藤川洋子（2008）：発達障害を抱える非行少年の精神療法―〝反省なき更生〟を考える―精神療法、34巻3号、275-281

2）高岡健（2009）：発達障害は少年事件を引き起こさない、明石書店

3）十一元三（2004）：アスペルガー障害と社会行動上の問題、精神科治療学、19（9），1109-1114

特別寄稿 3

地域若者サポートステーションに来る発達障害をもつ若者たち

とちぎ若者サポートステーション　中野謙作

1 地域若者サポートステーション

地域若者サポートステーションは、厚生労働省職業能力開発局育成支援課キャリア形成支援室が所管する若年無業者（ニートを含む）の支援機関です。ニートとはアルファベットでＮＥＥＴと書き、Not in Employment, Education or Training の頭文字をとっています。日本語に直すと、就労しておらず（労働）、教育も受けず職業訓練もしていない若者を指した英国発祥の造語です。ただ注意していただきたいのは、ニートという言葉がある意味否定的に捉えられ一人歩きしてしまった経緯があることです。「仕事をしない者」＝「仕事をする意欲のない者」といった排他的な意味で捉えている大人は多いのです。なかには、「ニート＝ひきこもり」といった全く間違った意見を発言する人まで出てきています。これは、後にも述べますが、日本には昭和初期の頃から使われている「働かざる者食うべからず」という格言めいた思いが少なからずあり、ほとんどの大人に根付いているからです。高度経済成長の時代ならまだしも、就職氷河期の再来ともいわれる現代では、この言葉は全くと言っていいほど当てはまりません。そこに、いつの時代からか「自己責任」論がこの働かない若者へのプレッシャーとして拍車をかけています。二〇〇八（平成二〇）年終盤に起きたアメリカのリーマンショックに端を発した経済不況は全世界を駆け巡り、日本にもその波は押し寄せてきました。それから一年経っても一向に景気は上向きにならず、求人倍率は全国平均で〇・五を下回ってどれだけの月日が経つのでしょうか。働きたくても満足に働ける環境が整っていない限り、「働かざる者食うべからず」は到底当てはまらないのです。働かない若者を責める前に、雇用環境の整備を声高に訴える必要があるでしょう。

仕事に就かず、教育訓練や就業訓練を受けない若年無業者は、現在全国で六四万人に上り、社会的な問題と指摘されています。厚生労働省は平成一七年に三ヶ月の合宿形式を通して自立をめざす「若者自立塾」を全国二五ヶ所に設置しました。そして翌一八年には、若年無業者支援の地域の核として「地域若者サポートステーション」（以降〝サポステ〟と略）を同じく全国二五ヶ所に設置しました。その後平成一九年には全国五〇ヶ所に、二〇年には七七ヶ所、そして平成二一年には九二ヶ所に設置しました。ところが、平成二一年に民主党政権に変わってからの目玉となった「事業仕分け」では「若者自立塾」が対象とされ、同年度で廃止が決定しました。国がこれだけ無駄を省くための経費削減を主張するなか、サポステを増やしていったのは、サポステの必要性とその成果に期待されているからでしょう。

とちぎ若者サポートステーション（通称〝とちぎサポステ〟）は、平成一九年五月、厚生労働省から委託された認定特定非営利活動法人とちぎボランティアネットワークが開設しました。サポステの主たる業務は二つです。

一つは相談業務。キャリア相談（キャリアコンサルタントによる就労を前提とする相談）、心理相談（臨床心理士による心理的な相談）、訪問相談（とちぎサポステスタッフによる家庭訪問）、スタッフ相談（多様な問題に対応する相談）の四本柱を軸にして一日平均して一二～一五名前後の相談に当たっています。サポステのもう一つの事業は、自立や就労に向かうための講座やセミナー、そしてトレーニング。相談と並行しながら、イベントや講座への参加で職業意欲の醸成、対人不安の解消、コミュニケーション力の向上などをめざしています。

コミュニケーションのためのグループカウンセリング「SST」、同年代の人たちの居場所「ちょべり場」、女性だけの居場所「ロータスルーム」、読み書き計算練習の「学習支援」、自然にふれて体を動かす「もちアゲ隊」、自分にできる仕事を見つける「就業トレーニング」、実際の仕事の現場を体験する「職場めぐり」、就活のための「就活講座・対人講座」、バイト感覚で就労体験をする「就労実践」など、若者たちのニーズに応えていった結果、多様なイベントプログラムが形となりました。

2 サポステ登録者に混在する発達障害という特性をもつ若者たち

開所から二年八ヶ月（平成一九年五月〜平成二一年一二月）で登録者は六二三人（月平均約二〇人）、毎月の相談やイベントに参加している若者は延べで八〇〇人を超えています。そしてこの登録者のなかに何らかの疾病、障害を抱えている若者、特に発達障害という特性をもった若者がいるのです。表3－3をご覧ください。医療関係の診断を受けている人が一〇七名、全体の約一七％、診断は受けていないが面談や講座などを通してそれぞれの症状に限りなく近い人が一〇一名と、全体の一六・二％となっています。合わせると二〇八名で全体の三三・三％と三割強が何らかの疾病や障害を抱えているか、その疑いのある者がいることになります。そのなかでも発達障害（広汎性発達障害とＡＤＨＤとＬＤ）に類する人数は合計で六八名で、何らかの障害・疾病を抱えている利用者のなかでは三二・六％と多いことがわかります。

ここでいう診断は受けていないが疑いのある人がいわゆるグレーゾーンの若者です。診断を受けていないのにはいくつかの理由があります。

① 本人や保護者の自覚がないケース

発達障害は一見病的な様子が見られないことから、学校生活もそれなりに過ごすので学歴の高い人も少なくありません。人間関係に難しさを抱え友だちも極端に少ないのですが、勉強に関し

表3-3　何らかの障害・疾病を抱えている利用者数（推測も含む）

症状	人数	診断有り	診断無し
うつ	37	13	24
統合失調症	33	18	15
広汎性発達障害	59	3	56
ADHD	5	2	3
LD	4	1	3
てんかん	6	6	0
知的障害	6	6	0
身体障害	3	3	0
疾病	8	8	0
その他の精神障害	47	47	0
計	208	107	101

（人）

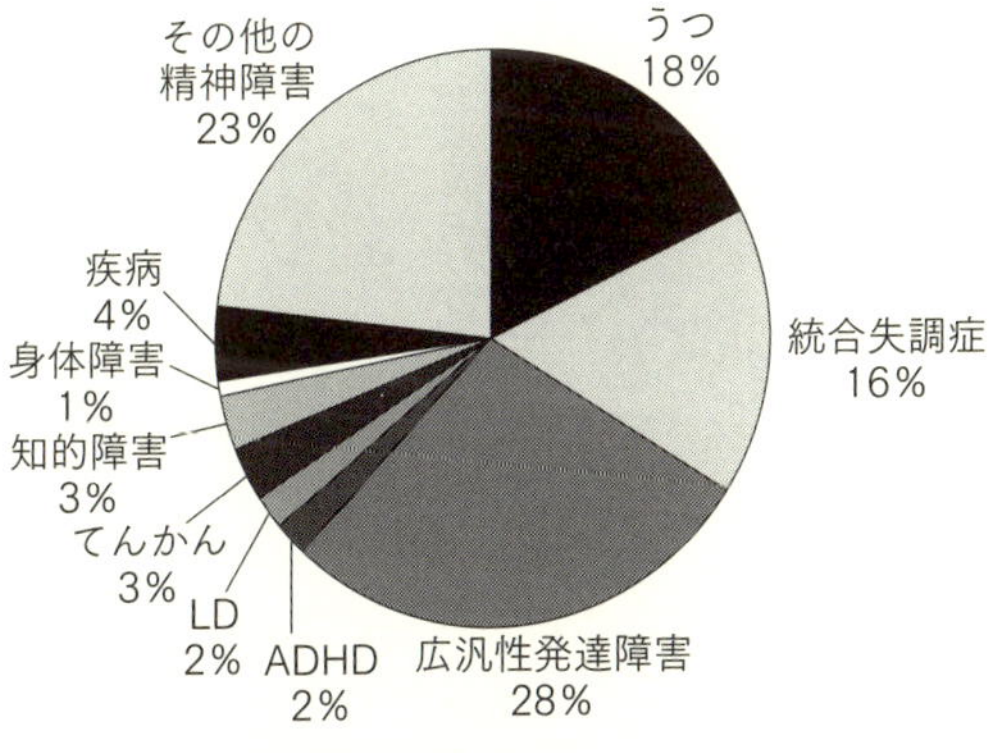

図3-1　障害及び疾病を有する利用者の割合

ては優秀であり、また頑張るので学校からの評価は高い。それゆえ、自らが発達障害とは考えるはずもなく、社会に入っていきます。そして社会に出て初めてつまづき、傷ついてしまうことがよくあるのです。

今年二七歳になるケンジ（仮名）は、中学三年生のときに不登校になりました。理由は周りの生徒が自分の話についてこれなくて、何を話しても面白くなかったからだと言います。そのときには、学校のスクールカウンセラーに気分障害に近いと言われましたが、あまり気にしなかったそうです。一年間独学で学習し、県内でも三本の指に入る進学校に実力で入学していきました。高校でも成績は優秀で担任や学年主任の評価は高かったのです。ただ友人といえる存在は少なかったようで、高校も二年途中で退学し、私立で自由な校風の高校に転校し、その後国立大学に進学していきました。大学も難なく卒業し、ケンジは一部上場企業に就職しました。しかし社内では常に浮いてしまうらしく、昼休みも一人でとり、アフター5に誘われたこともほとんどなかったそうです。上司からの「報告書をもう少し簡潔に書いたほうがわかりやすい」という指摘に「じっくり読みもしないで判断しないでほしい」と猛反発して、上司との関係が悪くなると仕事も休みがちになり、わずか半年も経たずに自主的に退職してしまいました。

学校という場は単に勉強を学ぶだけでなく、そこで出会う先生、先輩、同輩、後輩とのかかわりはまさに社会の縮図で、そのまま上司、先輩社員、同期、そして新入社員と同じ構図が展開されます。しかしケンジは勉強だけをまっしぐらに突っ走り、同じくらい大切な学校のなかでの人間関係はおざなりにしてしまいました。彼は最近になって医療機関につながり、「アスペルガー症候群」と診断され、今までの人間関係の難しさをよくよく理解できたと話しています。彼の苦しみは、近代日本の教育の盲点を指摘しているかのようです。

② 本人の自覚はないが、保護者がそれなりに気づいているというケース

小さいときは落ち着かない子どもですましていましたが、中学校や高校に進学しても一向に落ち着かない様子は治まるどころかますますエスカレートしていきます。「うちの子はどこかみんなと違っている」と思いつつも病院で診断するほど何かしらの問題を起こしているわけではないので、そのままにしてしまったという保護者もいます。

コウタ（仮名）は現在一九歳。成人を目前にしていますが、外見はまだ中学生と見られることもあるほど表情にも幼さが残ります。小学校から落ち着きがなく、授業中でも先生の話は聞かないでずっと話していたそうです。先生が注意しても関係なく話してしまうのです。中学では授業中でも、自分の気持ちですぐ「先生！」と聞いてしまったりして、担任を困らせたそうです。知的に低いわけではありませんが、計算は苦手だったようです。しかし字はとてもきれいでよく感心されたといいます。

彼は高校を中退するとすぐ、仕事に就こうとハローワークに行ったり求人情報誌を読むようになりました。サポステに来たとき、ハローワークの求人票を見ながら二人で話すと、勤務地や給料、労働時間などはじっくり聞いてきますが、それ以外のことはこちらがいくら説明してもどこか違うところを見ていて話を聞こうとしません。親は学校に行かなくても引きこもるわけではなくそれなりに過ごすコウタを、他人との違いを認めつつも医療機関につなげることは全く考えていなかったようです。それには家庭の経済的問題も複雑に絡み合っていました。コウタの家は小さい頃から経済的に困窮していて、彼もよく働いていたらしいのです。風邪を引いても病院に行くことなど考えたこともないと話します。貧困という彼の周りの環境が、彼と医療機関とのつながりを排除してしまったのかもしれません。

③　本人はそれなりに「自分は他人と違っている」と気づいているのだが、保護者が認めないケース

こういった若者の保護者と話すと、「この子は勉強もできるので大学にも行きました。免許もとっているし資格もあります。この子が障害者のはずがないでしょう」というような内容をよく聞きます。学校でそれなりに進んでこれてしまったことが保護者の安心と期待を造成し、知らず知らずのうちに子どもにプレッシャーをかけてしまうのです。本当にできることならまだしも、発達障害という特性があるためにできないことを時間や本人の努力でできると迫ったら、本人は

たまったものではありません。こういった間違った支援が発達障害のある子どもたちを追い詰めてしまうのです。

ヨシコ（仮名）は現在二五歳。学校は小学校五年生の二学期から行かなくなりました。初めて面談した際には、とても恥ずかしがり屋だということは印象に残りましたが、それ以外は特に目立ったところはありませんでした。しかし、二回、三回と面談するうちに、仕事ができないことには困っているがそれ以外は特に関心がないことがわかってきました。特に会話にいたっては、自ら求めようとは一切しませんでした。自分からコミュニケーションをとろうとしないのです。また、こだわりが強いことはわかりました。彼女の好きなアーティストは、よくコマーシャルでもかかっているクイーンでした。しかし、クイーン以外の歌手はほとんど聞かないといいます。一四～五歳で好きになってそれ以来、クイーンだけが好きでそれしか聞いていないといいます。自分でも他人との違いをにわかに感じてはいましたが、親には言えませんでした。親は学校に行けなくなると「いつかは行けるよ」と励まし、それが無理だと思うと「せめて高校には行こう」と促し、ひきこもりが始まると「居場所に行ってみよう」とせかし続けました。彼女の気持ちよりも自らの思い「大人の良かれ」が彼女を追い込んでいく結果となってしまったのです。

一八歳を過ぎてからは、自ら居場所に通い始めたらしいのですが、あまり居心地の良いものではなかったと話します。居場所といえば、なんとなく過ごせる空間だからこそ集まる若者が多いのです。しかし、彼女にとって、目的が明確でないから居心地が悪いといいます。学校も勉強だけで目的が明確でない、だから行かない。理路整然と話す彼女は、知識も豊富でボランティアや社会に対する意識も高く、自立したいという意識もあります。その割には現実感が薄いのです。現実とかけ離れているといっても良いほどです。小学校五年で学校に行かなくなってから家族以外と話す機会が少ないことも影響して、初対面の人とは一言も口をきけないでいます。体験不足、家族以外の人とのかかわりの少なさが、彼女の精神的な成長を止めてしまったのかもしれません。

自ら求めたわけではないのですが、発達障害という彼女自身の個性が、結局彼女を孤立に追い込んでしまったのです。それは、孤立のために彼女の周りに協力してくれる人も手を貸してくれる人もいなかったことを物語っています。孤立無援……現代社会が生んだもう一つの闇が彼女を苦しめているのです。

④ 本人も保護者もそれなりの自覚はあるが、医療機関につながっていないケース

この場合、障害という言葉に抵抗のあることが伺われます。医療機関などにつながることは良いけれど、その結果、発達障害と診断されたら一生涯、障害者として暮らさなければならないのか、など障害という言葉の否定的な印象が強いのです。発達障害に関する情報が正しく伝わって

いないからですが、こういったケースも少なくありません。

表3－3から見ても明らかなのは発達障害の場合、診断をもらっている利用者の約一〇倍は診断をもらっていないいわゆるグレーゾーンの若者がいるということです。それは今まで述べてきたようなケースにそれぞれ現代社会の教育の問題や孤立、貧困といったさまざまな問題が複雑に絡み合って余計に彼ら、彼女らを苦しめていることは言うまでもありません。発達障害の理解を深めることは、こういった多数を占めるグレーゾーンの若者の理解を深めることにつながります。誰もが生きやすく楽しい人生を送れるようになるために、サポステとして取り組んできたことを次にお伝えします。

3 発達障害者と向き合うときのサポステの役割

地域若者サポートステーションが発達障害者に特化して相談を担うべきでしょうか。たまたま来所した若者がそうであることもありますが、それを前段に出して相談を受けることには疑問があります。なぜなら、発達障害の相談ならば本来業務としての発達障害者支援センター、障害者職業センター、そして地域生活支援センターがあります。やはり、サポステの役割としては、前述したような発達障害グレーゾーンの若者の相談を受け、必要であるならば発達障害者支援センター等の専門機関につなげることが重要であると思います。事実、平成二〇年度は図3－2のようにネットワークを広げて相談体制の充実を図りました。それでは相談以外のサポステの担う役割は何でしょうか。それは発達障害という理由が主で学校に行けなくなったり高校を辞めざるを得なくなった方々が学習する環境を整えることであったり、彼らや彼女たちが働ける環境の整っている就労先を探すこと、発達障害という特性や個性を活かせる仕事を探すことです。また、彼らに何が必要かを見つけだす練

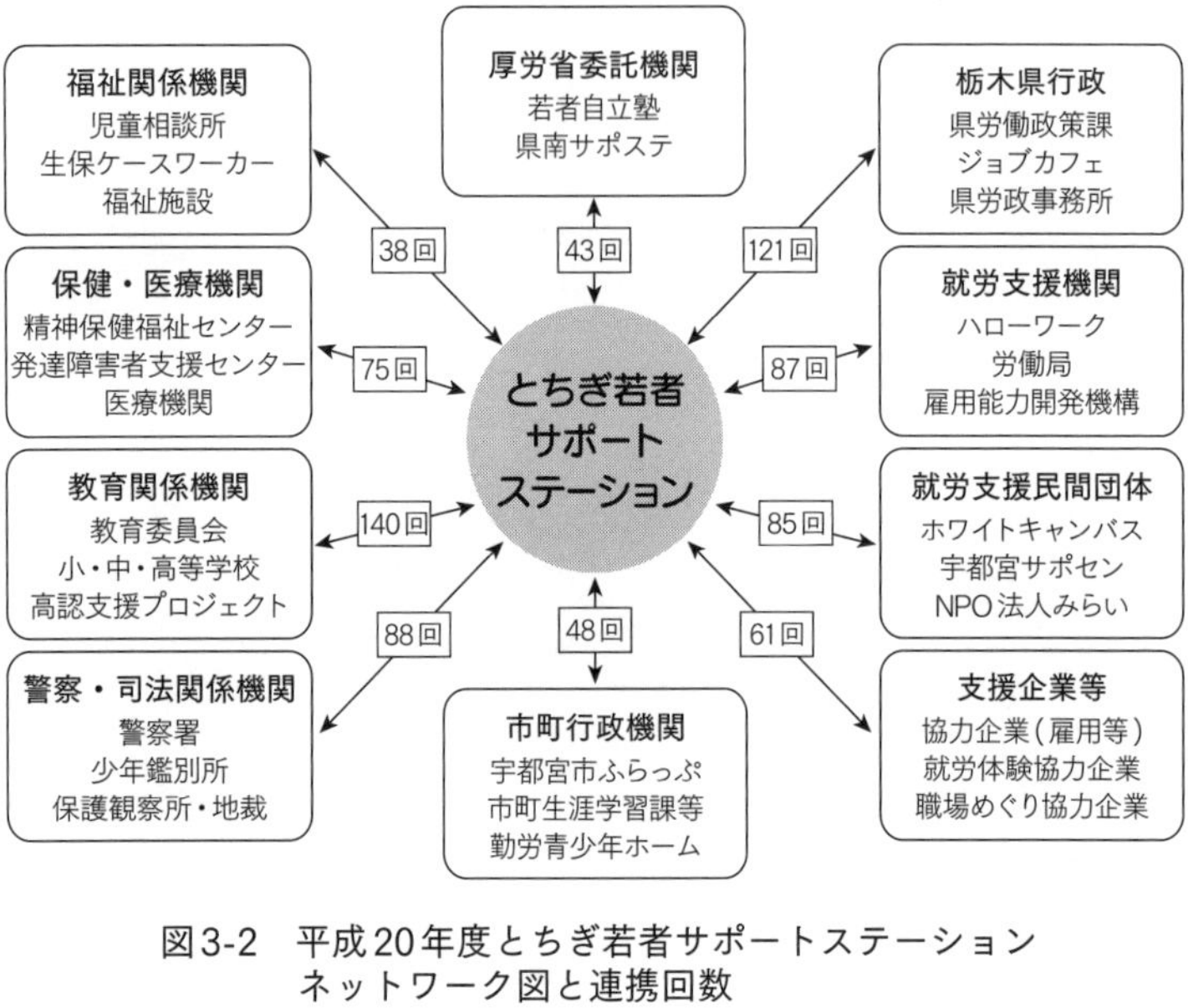

図3-2　平成20年度とちぎ若者サポートステーション
ネットワーク図と連携回数

習やトレーニング、そして彼らが求めるものにつなげていく仕組み作りです。

4 サポステから発信する「学び場」と「働き場」

サポステに来る若者のなかには高学歴の人も多いのですが、やはり学歴にコンプレックスを抱いている人も少なくありません。サポステを利用する若者のなかに一定数の高校中退者や高校に進学しなかった人がいることがわかってきました。平成二〇年度に国公私立高校を中途退学した人は全国で、八万六七九二人に及びます（平成二一年一二月二二日文部科学省報道発表による）。私の住む栃木県でも約一五〇〇人近くが一年間で高校を中退しています。中退者のその後の進路を見ると、就労が四割、進学が二割で、残り四割はどこにも属していません。この結果から栃木県では、一年間で約六〇〇人が高校中退＝最終学歴はほとんどが中卒のまま、若年無業の状態にこの時点でなっていると言えます。当然、この人数のなかに前述のサポステ同様、発達障害という特性をもっている若者も混在しています。

現在では高校への進学率が九五％を超えています。これは既に義務教育といっても過言ではありません。確かに中学校卒業までが義務教育ですが、ほとんどの人が高校に行くのでは高校に進学できなかったり中途退学する人は自ずと自責の念を抱きやすいのは当然のことです。その後の進路については、通信制の高校やフレックス型の高校もあるから以前よりもその門戸は広がったといってもよいでしょう。しかし、その情報が平等に伝わっているのでしょうか。通いたくても経済的に困窮している家庭の子どもは行きたくても行けないはずですが、そういった支援はまずないといっていいでしょう。その後仕事をしたとしても、高校中退者の学歴コンプレックスは言うまでもありません。

5 高認支援プロジェクト協議会の発足

そこで、とちぎサポステでは内部にではなく、外部組織として高校中退者のために高卒認定（高校卒業程度認定試験）を取得するための組織を結成し、彼らへの学習支援を徹底的に応援することを始めました。「高認支援プロジェクト協議会」を平成二一年四月に発足し、栃木県内一五の団体と意を共にするメンバーが結集し、若者支援に新たな風を吹き込んだのです。仕組みは、県内全域の一五の団体の会場で一週間に一回二時間、ボランティアで人と場所を提供し、高認試験合格までの学習支援を行うといったものです。参加費は毎回一〇〇円のみ（この参加費は年度末に全額寄付する仕組み）で講師の人件費もテストや問題の印刷費もすべてボランティアで賄われます。

ここでは、まず高卒認定を代表とする高校中退後の進路の情報提供と進路相談を行うことを第一の目的としています。高校中退者の情報不足の解消をめざしているのです。第二に、高校中退者の半数以上が就労するわけですが、高卒認定は計画さえ立てられれば働きながらでも取得可能です。高校中退や中卒という学歴コンプレックスを少しでも軽減する一助になることを目的としているわけです。第三に所属・帰属する場所の確保です。高校中退者で就労に結びつかない人はいわゆる若年無業、ニートなどと呼ばれ、世間や地域からの偏見はいなめません。たとえ週に一回でも通って「学ぶ」ことができることは、教育機関に通うわけなので若年無業やニートではなくなります。彼らや彼女たちに所属場所ができることは大きな意義があるのです。

これだけの数の人が高校中退で苦しんでいても、現実的には高校卒業率は九〇％を超えています。ほとんどの大人が高卒なわけで、そういった大人からすれば「その後、高校に行けばよいではないか。高卒の資格のとれる予備校に行けばよいではないか」との認識をもつ人が多いでしょう。事実、このプロジェクトを始めてから取材にきたあるテレビ局の記者は「どうして塾や予備校に行かないんですか？」と不躾にも質問をしてきましたが、彼らが経済的に困窮していることなど体験もないのでわからないのです。会社に勤務していて高卒の資格がないと受けられない資格があります。だから高卒の資格をとりたいが仕事をしているのでどうしても時間がとれないという現実が、そういった事実を知らないので想像がつかない人が多いのです。毎年、八万人強の高校中退者が出るということは、三年間で二四万人、一〇年間で八〇万人の若者が高校を中退してしまうわけで、その背景には貧困問題や孤独や孤立、そして家庭内の問題などが複雑に絡み合っているのです。だからこそ高認支援は現代社会では必要不可欠な教育におけるセーフティネットであるし、今後、栃木県のような取り組みは全国でも広がっていくべきだと確信しています。

6 高認支援プロジェクトの成果

昨年八月に行われた平成二一年度第一回高校卒業程度認定試験には、高認支援プロジェクトの県内一五会場で四三人が学び、そのうち一八人が受験しました。受験科目を全科目合格したものは一〇名で、そのうち高卒認定の資格を得られたのが三名でした。昨年一一月に実施された第二回高校卒業程度認定試験には八月以降三三名が学び、うち一八名が受験しました。受験全科目合格者が一六名でそのうち八名が高卒認定の資格を得ました。年間を通して七六名が学び、そのなかで一一名が高卒認定の資格を得たことは、現在学んでいる方にとっても何より心強い結果となりました。

日本人は元来学びが好きだと思っています。現在のように働きたくても働けない厳しい就労の現状があるなかで、高卒資格のない人は自信をもちにくいことは間違いない事実です。特に発達障害という特性をもつ人は不登校などとのかかわりも深いことから、高校中退という選択肢もあっていいのではないかと思います。ただし、その後にきちんとした情報共有とその後の支援が確立していることが前提となります。だからこそ学校に行くことや働くことを強要するのではなく、まず時間をとって学ぶことを優先させる社会の空気を作り出すことも重要であると考えています。

7 厳しい就職状況と求められる成果主義・結果主義

発達障害者の人やグレーゾーンの人の支援をしていて感じることは、特徴として理解度や進歩のスピードがマイペースであることです。それは一般社会からみれば遅いとなりますし、現実的にある種の仕事は異常に速いが他の仕事は極端に遅かったり、ある種の仕事は正確に行うがそれ以外は間違いだらけになってしまったりすることがよくあります。しかし、当事者は一所懸命に与えられていることを忠実に行おうとした結果のことなのです。ただ、現在の社会状況は言うまでもなく厳しいものです。有効求人倍率は平成一九年の一〇月の一・〇五倍を最後に一倍をきり、平成二一年一一月には〇・四五倍（全国平均／厚生労働省職業安定局発表）まで落ち込んでいます（図3-3参照）。いわゆる一〇人に四～五人しか雇用されない現状のなかでは、企業から選ばれる人材は、即戦力、経験者、有資格者、そして前職における評価の高い人となります。当然、

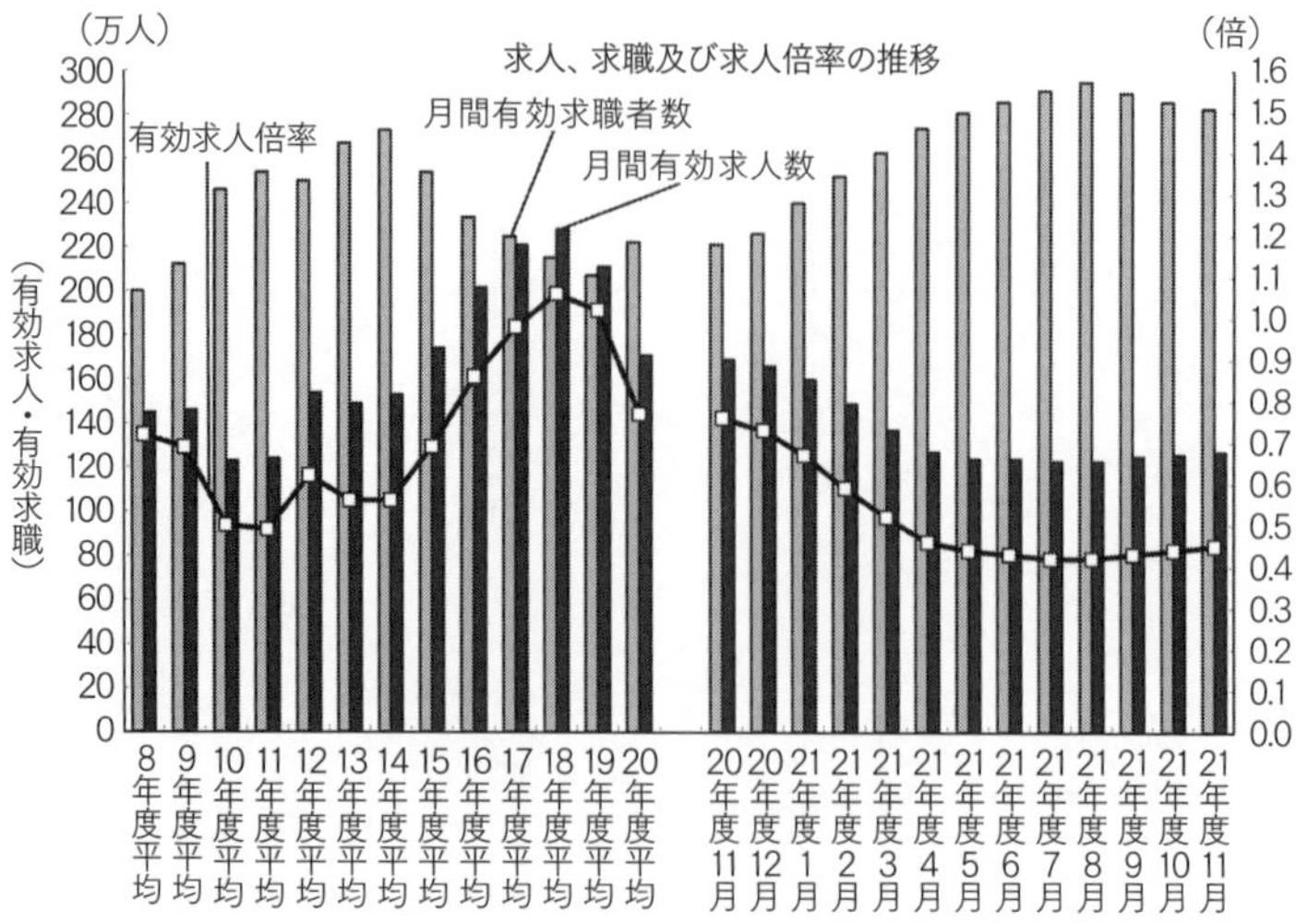

図3-3　有効求人倍率の変遷
(厚生労働省平成21年12月発表資料より)

仕事をしていない人、ブランクのある人などにとっては厳しい門戸となるわけです。ましてや発達障害という特性をもっている方や発達障害グレーゾーンの方々にとっては、今ほど厳しい就職戦線はないといってもよいほどです。しかし、そのなかでも辛うじて就職できたとしてもそこに待っているのは企業の成果主義や結果主義です。いかにミスや無駄を少なくして仕事を簡略化するか、どれだけ少ない人件費で成果をあげるかという企業の体制に乗っていける人がどれだけいるというのでしょうか。それならば彼らにとって働きやすい環境を探したり、働ける場＝「働き場」を作ることこそが大人であるわれわれの責務ではないでしょうか。

8 発達障害者の方も利用できる新たな仕事場作り

とちぎサポステでは平成二一年度、新たな仕事作りに力を入れてきました。これは発達障害グレーゾーンを始めとする、難しさを抱えている若者ならだれもが参加できるという視点に立って構築してきたものです。現時点で四三人の若者が仕事に取り組んで明るく元気に働いています。

① 自宅でできるパソコンを利用したデータ作成

家からなかなか出られないけれど、家でパソコンは利用していてパソコンによる作業を得意とする人がいます。そういった人たちに講演会や研修などで録音したテープをデータに残したり、表計算ソフトを利用して表やグラフを作る仕事です。時間はかかりますが、自宅ででき、また時間も自分の好きな時間を使えるのでパソコンが得意ならばできる仕事です。現在五人が従事しています。

② スーパーの駐車券の回収と補充作業

最近のスーパーなどでは、駐車場の出入口で駐車券をとる仕組みになっているところが多いのです。そこに出てくる駐車券の回収と補充の仕事です。仕事内容は簡単で時間も三〇分程度で終わるので慣れてしまえば誰にでもでき、また機械相手で人と話すのは駐車場に入ってきたお客様の誘導だけなので、対人関係が苦手でも決められた作業ができる人には向いています。現在までに五人の若者が携わっています。

③　市街地での朝採り野菜直売

栃木県の県庁所在地でもある宇都宮市は、大型店舗が郊外にできたことで中心市街地の活性化は日常的な課題になっていました。また隣の市町と隣接する農業地帯では低農薬でおいしい野菜を作っていますが高齢化の影響もあり、それを中心市街地まで運んで販売することはできないでいました。そこで、平成二一年の八月より、中心市街地での朝採り野菜の直売が始まることになり、その販売などをサポステの若者にやらせてくれることになりました。販売といっても仕事は何種類もあります。農家までの仕入れと運搬、野菜の陳列と品出し、接客、会計、商品管理と集計、準備と撤収、と一つの商店と同じくらいの業務があります。たとえばお金の計算が苦手だったら、野菜の陳列や不足品の充填に当たればよいのです。接客など人とかかわることが苦手なら、伝票整理や会計をすればよいし、同じ場所で長い時間仕事をすることが苦痛ならば、運搬や仕入れを担当すればよいのです。つまり、一人ひとりの個性や特性にあわせた仕事が可能となるのです。この仕事には現在、三三名の人が携わっています。

これ以外にもいくつかの業務をネットワーク関係からいただき、多くの若者が従事しています。訓練と努力によって一般就労に近づけることは何よりも大切なことだと十分自覚しています。しかし、成人して発達障害という特性をもっていることで、どうしても一般就労には結びつけられない人がいることも事実です。それならば、このように一人ひとりに合った仕事をまずは始めてもらい、そこから仕事を通して人とのかかわりや人間関係を一歩ずつでも学んでもらうことが何より重要だと考えています。その上で、一般就労を視野に入れることも可能になると思うのです。つまり、教育機関から社会に出る間、福祉や医療機関から社会に出る間、つまり教育と労働、福祉と労働の間に一人ひとりが自分のペースで考え、進んでいける空間と場所が必要になるのです。それを地域若者サポートステーションが担うのであれば、より柔軟にそしてより活動的にその輪を広げていけると確信します。地域若者サポートステーションはこれからもあらゆる若者に対応することになるでしょう。重要なのはどんな若者でも受け入れ、一人ひとりの立場に寄り添い共に考え、共に歩んで一人でも多くの笑顔と喜びを作っていけるようになることです。それこそが若者誰もが望む社会だと思うのです。

第 4 章

発達障害を抱える若者へのジョブコーチと就労支援

1 就労支援制度

発達障害者は、平成一七年度に施行された発達障害者支援法により障害者として認められましたが、身体障害者、知的障害者、精神障害者などのように障害者手帳というものを所有しているわけではありません。よって、「障害者の雇用と促進等に関する法律」における障害者雇用率に該当する障害としては認められていません。

1 障害者の雇用と促進等に関する法律

企業主はある一定以上の障害者を雇用しなければならないというのが、障害者雇用率と呼ばれるものです。その対象者には発達障害者は含まれていませんが、ＬＤの人が療育手帳を取得したり、障害者職業センターで知的障害者の判定書を取得した場合は知的障害者として、ＡＤＨＤや自閉症スペクトラムの人が精神障害者保健福祉手帳を取得した場合は、精神障害者として雇用率の対象者としてカウントされます。法定雇用率は年々見直しがされており、二〇〇九年四月一日段階では、一・八％となっています。すなわち、一〇〇〇人の従業員が働いている企業では、基本的に一八人以上の障害者を雇用しなければならないことになります。この雇用率を達成するために親会社が特例子会社という子会社を設立し、その子会社で働いている労働者を親会社に雇用されているものとみなして、実雇用率を算定できることとしています。この特例子会社制度は、障害者の雇用機会が拡大されるだけではなく、障害者に配慮された職場環境のなかで、障害者個々人の能力を発揮できるというメリットがあるため、今後発達障害者のための特例子会社が設立されることを期待したいと思います。

①　障害者雇用納付金制度

上記の障害者雇用率を達成していない企業、いわゆる未達成企業に対して納付金を徴収することになります。これは、障害者を雇用する場合には、作業設備や職場環境を改善したり、特別な雇用管理や能力開発等に経済的負担がかかることが多く、すべての企業に平等に経済的負担のバランスをとるために設定された制度です。

障害者雇用納付金は一人当たり月額五万円となっていますが、常用労働者数三〇一人以上の企業が対象となっています。

障害の程度や勤務形態にもよりますが、一〇〇〇人の従業員のいる企業が障害者を一〇人しか雇用していない場合、法定雇用率の一・八％に換算される一八人よりも八人少ないため、五万円×八＝四〇万円を毎月払わなくてはならなくなります。これは、年間四八〇万円の出費になります。逆に障害者を雇用率以上に雇用している企業に対しては、企業規模にもよりますが、納付金から障害者雇用調整金や報奨金などが支払われます。

2 障害者のための職業能力開発

① 職業準備支援

障害者職業センターでは、障害者個々のニーズに応じて、模擬的就労場面を利用した作業、職業や就職に関する知識についての講習などを活用し、基本的な労働習慣の体得や社会的生活技能の向上など、就職、復職、職場適応に向けた支援を実施しています。

② 就労移行支援事業

就労移行支援事業とは、「企業における就労を希望する障害者や技術を習得し在宅で就労・起業を希望する障害者を対象に、一定期間にわたる計画的なプログラムに基づき、事業所内や企業における作業・実習の実施、適性に合った職場探しや就労後の職場定着のための支援を行い、就労に必要な知識及び能力の向上、企業等とのマッチング等を図り、企業等への雇用や在宅就労等に結びつけます。標準的な支援期間は二四ヶ月で、雇用契約を結びません」と説明されています（厚生労働省　2008）。

③ 職場適応訓練

実際の企業で行う実地訓練であり、期間は六ヶ月間（中小企業の場合は一年間）となっています。訓練終了後は引き続きその職場で雇用してもらうことを目的としている訓練です。訓練期間中には訓練生に対して訓練手当てが支給されます。

④ 公共職業訓練

障害の特性に応じた訓練が障害者職業能力開発校というところで実施されています。国立、公立の開発校は全国に一九校しか設置されていませんが、このほかに民間の職業能力開発施設が二二ヶ所設置されており、これらを含めると合計四一ヶ所となります。

しかしながら、発達障害者に対しては何度も述べているように、発達障害者手帳というものが存在しないため、さまざまな制度において十分に対応が進んでいるわけではありません。職業能力開発校などでは、発達障害者のための訓練を行うところも出てきましたが、雇用率制度には手帳がないため障害者として該当しないなど、障害者手帳が必要な場合があり、それが壁となっているのが現状です。

2 企業へのアプローチ

「ＡＬＡＡＨＦＡの人の退職理由」を見ると、発達障害の人の離職・退職理由は二つに分けられます。

・一つはジョブマッチングがうまくいっていないということと、もう一つは彼らが働く職場が発達障害を理解していなかったために生じる誤解からくるいじめなどです。

1 ジョブマッチング

表４－１に示された、「仕事がつまらなかった」「会社の業務、人間関係ができなかった」「仕事をするのが遅いので向かなかった」「仕事の技術面で追いつかなかった」「人より時間がかかった」「簡単な作業ができなかった」「期待に応えようと頑張ったが疲れた」「自分に合わない仕事だった」「自分の能力では手に負えなかった」「自分のペースで働けなかった」「ストレスと体力

表4-1　発達障害がある人の退職理由

仕事がつまらなかった
人間関係で問題を抱えた
雇用主に自分の障害を理解してもらえなかった
普通の人の感覚を身につけさせようとされ精神的なダメージを受けた
「障害など関係ない、努力してなおせ」と言われ重圧になった
会社でいじめを受けた
会社の業務、人間関係ができなかった
仕事をするのが遅いので向かなかった
自分に合わない仕事だった
仕事の技術面で追いつかなかった
人より時間がかかった
簡単な作業ができなかった
期待に応えようと頑張ったが疲れた
人間関係のややこしさ、指示の多さにパニックを引き起こした
自分の能力では手に負えなかった
自分のペースで働けなかった
リストラにあった
ストレスと体力的に続かなかった
仕事のレベルアップができなかった
いじめにあったり、無視されたりした

的に続かなかった」「仕事のレベルアップができなかった」などは、職場で期待される能力の仕事と発達障害者本人ができる仕事、やりたい仕事にずれがあったのだと考えられます。彼らが就職先を選ぶ際に、自分の能力や特性をきちんと考え、自分に合った仕事を選択したという例は限られています。つまり健常の人と同じことができるものと期待されて就職するものの、実際は期待される

表4-2　定型発達者と発達障害者の就労意識の相違

	定型発達児	特別支援教育必要児
仕事に対する認識	多くの職種を知っている	ごく限られた職種しか知らない
職種の選定	年齢とともに抽象的な職種から具体的な職種へ絞り込む	職種がおぼろげで抽象的である
就労までの過程	自分の就きたい職種に対して情報を集め、必要に応じ研修やトレーニングを受けるあるいは自分で学習する	自分の就きたい職種があいまいであるため、何をしていいのかわからない。あるいは具体的な職種を決めていても、そのために何もしない、または何をしていいのかわからない

ほどの仕事を遂行できない結果、退職に至ってしまうのです。

表4－2をご覧ください。そこからわかることは、具体的な就労先や職業人としての自分が見えていないということです。

そのため、何を準備していいのかがわからないのです。これは、学校教育の段階から仕事というものにはどのようなものがあり、そのような仕事に就くためには何が必要となるかを教えていないというのも一因でしょう。

このような状況のまま就職した結果、企業から求められる能力についていけずに辞めざるをえなくなってくるのです。

2 同僚・上司に対する説明、理解・啓発

離職・退職のもう一つの原因は、発達障害という障害がどのようなものであるかを職場で一緒に働く上司や同僚が知らないがゆえに生じる誤解によるものです。

表４－１にある、「人間関係で問題を抱えた」「雇用主に自分の障害を理解してもらえなかった」「普通の人の感覚を身につけさせようとされ精神的なダメージを受けた」「『障害など関係ない、努力してなおせ』と言われ重圧になった」「会社でいじめを受けた」「人間関係のややこしさ、指示の多さにパニックを引き起こした」「リストラにあった」「いじめにあったり、無視されたりした」などは、見た目に障害がわからず、かつ学歴が高かったりするために職場の同僚・上司は健常の人と同じことを要求したものの、それができないがゆえに徐々に嫌悪感をつのらせ、いじめや怒りの対象となったのでしょう。

これらは、前もって発達障害の特性を伝え、彼らの特徴を理解してもらえていたら防げたことも数多くあったのではないかと考えます。

3 医療における支援

現段階では、発達障害者が就労において受けられる支援は限られています。しかしながら、先に述べたようにアスペルガー症候群、ADHDであるという診断書があることにより、障害者としてのサポートを受けることができ、また場合によっては精神障害者保健福祉手帳を取得できる場合もあります。

さらに、今まで自分が何であるか悩んでいた発達障害者が診断を受けることによって、精神的に落ち着き、人生を前向きに生きることができるようになったという報告も多いのです。

表4-3は、発達障害者が医療的な診断を受けてよかったという理由です。

ある二〇代の男子大学生は、大学在学中不登校となり、単位不足により留年を繰り返しました。著者がカウンセリングを行い、知能検査を行ったところ、IQは120と高いもののプロフィールに極端なばらつきがあり、アスペルガー症候群の疑いが認められました。よって、医療機関を紹介し、正式にアスペルガー症候群と診断を受けました。診断書を所持し、発達障害者支援センターで相談を受けるように勧め、その後障害者職業センターの短期訓練を受け、アスペルガー症候群に理解のあるコンピューター関係の企業で実習を受けることになりました。

このように発達障害者の就労支援を行うに当たり、医療機関の役割は大きいのです。診断書があるかないかで就労支援機関における支援の中身も異なるからです。また、表4－3で示されたように発達障害当事者の精神的負担も軽減できます。先に述べた男子学生の場合、アスペルガー症候群という診断を受けたときの気持ちを尋ねたところ、抵抗もなく受け入れただけではなく、それで支援が受けられるならとても助かるとのコメントを述べています。

発達障害者は支援が必要な人たちです。そのためには、医療従事者はまずきちんとした診断

表4-3　診断されて良かった理由

人格が悪いのではなく、自分を卑下することはない、ということがわかった
家族が障害に対して理解してくれるようになった
前向きにこれからの人生における対処の方法を考えられるようになった
生きづらさの原因がわかり具体的な対策を考えられるようになり、自分に対して罪悪感を持たずにすむようになった
自分の仕事の適性などを知ることができ、いろいろと対策がとれるようになって日常生活が楽になった
人とうまくいかなかったことは、自分が悪いわけではなかったことがわかった
自分の性格の問題だと悩むことがなくなり、自分を直そうと無駄な努力をする必要がなくなった
自分の抱えている問題が具体的になった
努力不足ではなく、脳の機能障害だとわかった
自分は普通ではないと感じていたのでその原因がわかった

（梅永，2003）

を行い、個々の発達障害に応じた就労支援体制を築くべく、発達障害者支援センター、障害者職業センター、そして若者サポートステーション等の支援機関へつなぐ橋渡しをしていくことが期待されます。

4 教育における支援

青年期・成人期に達した発達障害者の課題として進路や就労の問題があげられます。知的な障害を伴わないＬＤ・ＡＤＨＤ・高機能自閉症およびアスペルガー症候群の場合、多くは特別支援学校ではなく一般の高校に進学します。高校卒業後は、大学・短大・専門学校そして就職とさまざまな進路選択が可能となりますが、身体障害や知的障害のように障害者の職業訓練校への進学は制度上の問題もあり、門戸は広げられていません。

よって、一般の高校生のように教師や保護者と進路についての相談をするものの、発達障害に応じた進路指導サービスがされているところは極めて少ない現状です。

1 大学（短大）進学

少子化が進む現在、選ばなければ入学できる大学も増えてきています。しかしながら、大学は高校とは異なり、授業の選択やサークル活動など主体的に取り組まなければならない活動も多く、その結果、履修申告に失敗するＬＤ学生やサークルで対人関係がうまくできないアスペルガー症候群の学生など、大学で不適応行動を起こし、休学・退学する発達障害学生もいます。

米国およびカナダでは、二〇〇以上もの大学でこれらの発達障害学生専門の相談窓口を設けており、発達障害があっても大学生活をスムーズに送れるような支援が行われています（Peterson 2000）。

わが国においても、大学教育における特別支援教育を実施している大学が徐々に増加していますが、そのためには大学入学と同時にそれらのサポートが受けられる体制を作っておく必要があります。

具体的には、視覚刺激に強い自閉症スペクトラム学生の場合は講義だけではなく、テキストや資料を渡す、前もって見通しがもてるようなスケジュールを知らせておくなどの支援が有効です。また、文章を書くことが不得手なＬＤ学生の場合には、卒業論文の代わりに他の授業をとることによって補完するなどの支援が有効でしょう。

2　専門学校への進学

専門学校は多岐にわたっているため、一概に論じることは難しいのですが、得てしてそこで学ぶ内容と卒業後の就職先での職種が一致しているところが多いようです。よって、手に職をつけるために専門学校への進学がいいのではないかという考えもありますが、職種によっては合わないものも多く、ジョブマッチングが重要となります。

ある自閉症スペクトラムの生徒は保護者の意向で調理師の専門学校へ進学したものの発達性協調運動障害を併発していたため、不器用で包丁さばきができずに退学させられた例があります。また、語学系の専門学校を卒業し、外国で就職したＡＤＨＤの女性は仕事ができずに対人関係でトラブルを生じ、解雇された例もあります（梅永 2007）。

よって、専門学校で学ぶ科目が本当に発達障害生徒に合っているかどうかの検証をする必要があり、そのためには高校在学中に専門学校に体験入学するなどの移行プランを立てることが望まれます。

5 福祉分野の支援

身体障害者の場合は身体障害者福祉法、知的障害者の場合は知的障害者福祉法、精神障害者の場合は精神障害者福祉法によって、それぞれ社会保障のサービス内容が決められています。

しかしながら、現在、成人期の発達障害者に対して、身体障害者、知的障害者、精神障害者のような特別な社会保障制度はありません。LD者の場合には軽度知的障害者としての療育手帳を取得する人がいます。療育手帳は知的障害であることを証明するものなので、手帳を取得することによって知的障害者としての福祉的サービスを受けることができます。療育手帳を取得する場合、一八歳未満であれば児童相談所、一八歳以上であれば知的障害者更生相談所で判定がなされます。この手帳を呈示することによってさまざまな割引が受けられたり、交通機関が無料になることがありますが、都道府県によってそのサービスは異なります。また、重度の知的障害があれば障害年金の対象となりますが、LDなどの発達障害者が手帳を取得できたとしても知的な面では軽度であるため、年金の対象となることは少ないのが現状です。

また、療育手帳が取得できない知的に高いADHDや高機能自閉症・アスペルガー症候群と診断された人たちは、診断されて半年が経過すると、精神障害者保健福祉手帳を取得することができます。この手帳は「精神保健及び精神障害者福祉に関する法律施行令」によって手帳には障害の程度により、重い順に1級・2級・3級が存在し、手帳の等級によって受けられる福祉サービスが異なります。1級は「日常生活の用を弁ずることを不能ならしめる程度のもの」、2級は「日常生活が著しい制限を受けるか、又は日常生活に著しい制限を加えることを必要とする程度のもの」、そして3級は「日常生活もしくは社会生活が制限を受けるか、又は日常生活若しくは社会生活に制限を加えることを必要とする程度のもの」となっています。この基準からすると、二次障害として統合失調症等を発症していない場合は、基本的に3級の手帳を取得する発達障害者が多いのではないでしょうか。受けられる福祉サービスは各発行自治体によって異なりますが、税金（所得税、住民税、相続税）の控除や自動車を購入した場合の自動車税の減免、生活保護障害者の加算などの福祉サービスを受けることができます。また、自治体によっては交通機関の運賃減免・公共施設等の利用料減免・自治体運営住宅への入居優先などがあるところも存在します。さらに、携帯電話料金・映画料金・テーマパーク利用料金などに割引制度があることもあります。

障害者の福祉・社会保障において、その骨子をなすのは年金と障害者手帳取得による各種サービスですが、障害年金については、その障害の程度や内容によって異なり、全額支給の場合は1

級で年間九九万一〇〇円（月額八万二五〇八円）、２級で七九万二一〇〇円（月額六万六〇〇八円）となっています。しかしながら、発達障害の人の場合は療育手帳にしても精神障害者保健福祉手帳にしても、重度の等級を得ることは少ないため、福祉サービスは充実しているとはいえないのが現状です。

特別寄稿 4

発達障害をもつ人への効果的な職業訓練

岡崎高等技術専門校　矢口秀人

はじめに

愛知県立岡崎高等技術専門校は、二〇〇七年度の厚生労働省による「一般の職業能力開発校における発達障害者を対象とした職業訓練モデル事業」の指定を受け、発達障害者を対象とした「オフィスワーク科」を設置し、二〇〇七年一〇月より訓練を開始しました（図4－1）。二〇一〇年三月をもって、「一般の職業能力開発校における発達障害者を対象とした職業訓練モデル事業」が終了しますが、岡崎校での取り組みは、より適切かつ有益な職業訓練を運営する施設・組織への参考になり得ると考えられます。そこで、ここではまず、オフィスワーク科の現在までの取り組みについて説明し、その後、事例紹介と考察を行うこととします。

1 愛知県立岡崎高等技術専門校とは

愛知県立岡崎高等技術専門校（以下：岡崎専門校）は、愛知県のほぼ中央に位置する岡崎市の美合町にある、職業能力開発促進法に基づいて設けられた県立の職業能力開発施設で、

・多様な技能・知識を有する労働者となるために、必要な基礎的技能及び関連知識を付与する普通課程

・地域の訓練ニーズ等に合わせた科目や内容を短期間に習得させる短期課程

を行うほか、民間企業等における在職者の職業訓練の支援等により、職業の安定、勤労者の地位の向上、及び地域社会の発展のために役に立つことを目的としています。要するに、新規に職業に就こうとしている方、転職しようとする方や求職中の方に対して、職業訓練を実施して、職業に就く支援を目的としている職業能力開発施設です。

図4-1　岡崎専門校外観

2 発達障害者対象職業訓練オフィスワーク科について

このクラスは、二〇〇七年度の厚生労働省による「一般の職業能力開発校における発達障害者を対象とした職業訓練モデル事業」の指定を受け、発達障害者を対象とした「オフィスワーク科」を設置し、二〇〇七年一〇月より訓練を開始しました。モデル事業は、二〇〇九年九月現在、愛知を皮切りに、新潟、大阪、愛媛、京都、静岡と実施しています。

モデル事業とは、岡崎専門校のような全国の都道府県の一般の職業訓練校において、本格実施をする前に、テストケース的に三年間実施する事業のことです。愛知県のこのモデル事業は、二〇〇九年度に終了します。二〇一〇年度以降も事業を実施する予定です。

3 オフィスワーク科の概要について

① 職員体制について

厚生労働省の指針に基づき、公共職業安定所、社会福祉協議会等の協力を得て新規募集を行い四名の担当者を採用し、二〇〇九年度にさらに一名を配置しました。二〇〇九年九月現在、私

（メカトロニクス科と兼務の正規職員）を含め六名で担当しています。担当職員の概要については以下のとおりです。

・産業カウンセラー、心理相談員の有資格者
・臨床心理士、臨床発達心理士の有資格者
・社会福祉士、精神保健福祉士、介護福祉士の有資格者
・第一種職場適応援助者の有資格者
・情報処理技術者試験の有資格者
・教員免許の所持者
・職業訓練指導員（障害者の就労支援経験を有する）

②　訓練対象者と選考方法

入寮施設がないため、通校が可能な人を条件とし、厚生労働省の指針に基づき以下の要件を満たすものとしました（一部省略）。

・発達障害者として医師の診断書もしくは意見書の提示が可能な人
・職業訓練（集合型訓練）を受講することに熱意を有し受講可能な人
・ハローワーク（公共職業安定所）において求職者として登録している人

選考試験については、作業課題などの適性検査を行い、保護者や本人と面接を実施し選考しました。

③ 入校状況

二〇〇七年度は、年度途中でスタートしたこともあり、訓練期間は半年間でしたが、二〇〇八年度、二〇〇九年度は一年間です。入校生の状況については表4-4に示すとおりです。障害種別、年齢はさまざまであり、混在したなかで訓練がスタートしました。ほとんどの方が自閉症スペクトラムの訓練生でした。

表4-4　入校生の状況

項目別	2007年度	2008年度	2009年度
入校生合計	9	8	7
自閉症	5	2	3
アスペルガー症候群	4	1	
広汎性発達障害		2	3
学習障害			
注意欠陥多動性障害		2	
特定不能の自閉症スペクトラム		1	1

（人）

4 訓練生の状況

入校後の訓練生の各種状況については、以下のような特徴がありました。

生活面

・昼夜逆転の生活や好きなことをやめられずに夜更かしをする訓練生は、訓練開始の午前九時から起きていられず、昼くらいまでは授業中寝てしまう
・寝ぐせを直さない、服を替えない、顔を洗わない、歯を磨かない、身体（髪）を洗わない、化粧ができない（したことがない）など、身だしなみに対する意識が低い
・「おはようございます」「さようなら」「いただきます」「ごちそうさま」を言わないなど、基本的な挨拶ができない
・電話の応対を知らない、トイレで奇声をあげる、場所を構わず用（小便）を足す、道路等で大声を出しアニメソングを歌う、腰を振るなどのセクハラ行為をする、セクハラ発言を繰り返すなど、基本的なマナーが身についていない
・携帯電話を二～三台もっていて、暇な時間にとにかく電話をかけてしまい、電話代が毎月一〇万円以上になる、高額の契約をする、など金銭感覚に乏しい
・マルチ商法に引っかかる、キャッチセールスに引っかかる、複数の宗教に入信するなど騙されやすい

対人面

・他の訓練生に突然「こいつと一緒にはやりたくない！」と言い始め、暴れる
・他の訓練生の発言内容に「むかついた！　許せない！」と相手に発言し、けんかになる
・他の訓練生に恋愛感情をもって、しつこくつきまとう
・他の訓練生へのいじめやたかりをする
・場所や状況に構わず、常に独り言を言いながら歩く
・更衣室等で他の訓練生がいるところで着替えるのが怖い
・弁当など同じ部屋で食べることができない
・保護者を始め職員等、大人の言うことや注意を全く聞かない
・嘘をつく

精神面

・成功体験が少なく、何事においても自信を失っている
・過去にいじめを受けている
・自己評価が低い
・将来への見通しが暗い

・過去に自殺未遂をしたことがある
・聴覚過敏があり、耳栓やヘッドホンが必要になる
・手を使った作業をすると、腱鞘炎になる
・イライラすると、他の訓練生の弱点をみつけて攻撃的になる
・授業が嫌な場合は逃げ、専門校のどこかに隠れる
・少しの注意で大泣きをして、調子を崩す

職業面

・体力がない
・分からないときに聞けない
・体調の崩しやすさ、疲れやすさを抱えている
・仕事についてのイメージができない
・自分の職業適性が分からない
・専門校での訓練に対して、批判をする

環境面

・幼児期から発達障害に応じた療育を受けてきていない
・発達障害に対する理解が低い
・保護者も本人への接し方が分からない
・障害福祉サービス制度等を知らない、利用もない
・保護者の協力が得られない、または得られにくい

5 オフィスワーク科での取り組み

訓練時間は午前九時から午後四時一五分までです。訓練生の状況を踏まえて、朝は朝礼後、基礎体力養成と屋外での園芸作業を行い、パソコン技能や漢字、計算の練習などの最低限の基礎知識を学び、午後からは、ビジネスマナー習得や就労ゼミ、作業実習などの訓練を行います。訓練日誌を毎日記入し、掃除と終礼で日誌発表を行って帰宅します。

訓練生の状況から、訓練内容は、

・適性を見極め
・実習先を見つけ

・実習先に適した訓練をする

ということを考え、そのときそのときで状況を見ながら訓練内容を考えていきました。ビジネスマナー習得や履歴書の書き方などは集合授業を行い、作業実習は個人個人で行うなどの工夫をして、訓練を行いました。

① 生活面の課題についての取り組み

それぞれ個々の問題に対して、評価表を訓練生ごとに作成し、視覚的に分かりやすい形にして取り組みました。たとえば、生活リズムの安定化のためには睡眠時間のチェック表、基本的なマナーの改善のためにはマナーチェック表、金銭管理を身につけるために小遣い帳などを毎日記入することにしました。挨拶等はパターンを決め、毎日の訓練で実施しました。

② 対人面の課題についての取り組み

いままでいじめられ、疎外されてきた彼らにとって、いじめや疎外されることがない訓練校の生活は居心地が良かったようで、仲間意識が芽生えて、みんなで就職に向けてがんばろうという意欲が高まってきました。

しかし、対人トラブルはよく起こるため、その都度、その場面で対応しました。必要に応じて絵で示したり相手の意図を説明することを行いました。しかし、「注意」と感じるためか、「なんであいつはこうやっているのに言われないのか?」「あの人の作業は遅くてイライラする!」等、かえって他の訓練生に攻撃を向ける結果となったため、基本は本人を認め、評価しつつ指導する、という姿勢をとりました。次第に、他の訓練生に対しても「あの人はこういうところがあるから仕方ないかな……」と、穏やかな見方ができるようになり、直接のトラブルが減少しました。それぞれの対人関係の特徴に合わせて、無理はさせずにそれぞれの過ごし方を認めていくと、集団が落ち着き、集団にいられなかった人も入れるようになりました。

支援者とのかかわりが必要な人が多く、職員とのつながりを深めていく必要があるため、訓練生一人ひとりに特定の職員が支援や相談を行う体制、担当制を導入し、何かあったら相談できるような信頼関係を築くよう取り組みました。

実際、保護者の言うことも含め、大人の言うことを聞きいれない訓練生の指導が一番難しく、何を提案しても「でも」と反論し、てこでも動かないことがよくありました。今まで受けてきた体験や学んできた方法なのだと思い、本人を肯定的に評価し、小さなことでも評価して話をしていくことを積み重ねました。

時が経つにつれて、その訓練生たちが、担当職員の話を聞きいれ、自分で決めてやろうとする姿勢を見せたり、提案を素直に受け入れてやってみたりと、徐々に変わってきました。信頼関係ができないと、何事も進んでいかないと感じた瞬間でした。

③ 精神面の課題についての取り組み

自己評価が低いため、できたことをその場で認めて評価をするなど、言葉がけはできるだけ肯定的に行いました。この取り組みで少しずつ自信がもてる訓練生も出てきて、自己評価も高くなりました。

本人の精神面安定のため、担当が毎週の面談以外に、必要に応じて面談を実施するなど、問題や不安が大きくなる前の解消に努めました。特に精神的にうつの波が大きな訓練生に対しては、いつ何時不安定になるか予測ができないため、精神状況のチェック表を記入させ、その理由の把握に努めました。結局、一年ほどつきあうなかで、精神的な波というよりは、どんな小さな出来事でも不安を感じてしまい、それが二つ三つ積み重なると不安定になるということが分かるなど、理由の把握に一年以上要することもありました。

また、訓練生ごとに、個別の目標を立て、毎日自己評価をし、それを職員も肯定的に評価をする「チャレンジカード」を導入することにより、目標と意欲ももつことができました。

④　職業面の課題についての取り組み

まずは、毎朝基礎体力養成において、ラジオ体操、ストレッチ、筋トレ、ウォーキングを行うことで就労に必要な体力をつけさせました。また、訓練のなかで、表4－5などの多様な作業課題を行い、興味・関心や適性を見ることにしました。

さらに、近所のスーパーや薬局などで体験実習をさせていただき、就労の実際の場での適性も見ました（表4－6）。

本人の希望に加えて、立ち仕事や座り仕事はどうか、手先の器用さや集中力、確実性はどうか、などを観察し、評価してからどのような仕事だと向いているか、長く就労できそうかということを考えました。また、作業課

表4-5　多様な作業課題

・金属加工	・はんだ付け
・やすりがけ	・溶接作業
・組立作業	・検品作業
・ピッキング	・郵便物の仕分け作業
・包装作業	・ダンボールなどの組み立て解体
・清掃作業	・入出庫管理
・受発注業務	・電話応対
・園芸作業	その他

表4-6　近隣企業の協力を要請し行う体験実習

・養鶏	・スーパーのバックヤード
・検品	・事務補助
・清掃	・調理補助

題はだんだんと個別化して、企業実習前は企業に即した課題を行うなど柔軟に対応しました。

次は、本当の雇用を前提とした就職先を探すことになります。本人の能力や適性もあります が、長く働くことを考え、受入れ状況、職場環境はもとより通勤距離、通勤方法（電車に乗れない等）なども含めて探しました。就職先の開拓は筆者が担当したのですが、不景気で雇用状況は大打撃を受け、ハローワークの求人はほとんど無い状態が続きました。数人の実習先を探すのに、大変苦労しました。

企業実習では、仕事を前にして本人の意識もモチベーションも高まり、改めて挨拶やマナーの大切さを実感しました。企業実習で初めて身に付いた者もいました。実習先には担当職員がジョブコーチとして付き添い、実際の職場環境のなかで仕事や職場のマナー、人間関係等についての支援も行いました。訓練生に慣れた担当職員がサポートすることで、本人も安心し、徐々に仕事にも環境にも慣れ、独り立ちできるようになりました。実習先から内定をいただき、就職していく姿をみるのは、本当にうれしかったです。

⑤　環境面の課題についての取り組み

発達障害の診断は受けたが発達障害については知らないという訓練生が多く、発達障害についての授業や利用できる福祉制度についての授業を行いました。また、今後の生活の安定と就職活

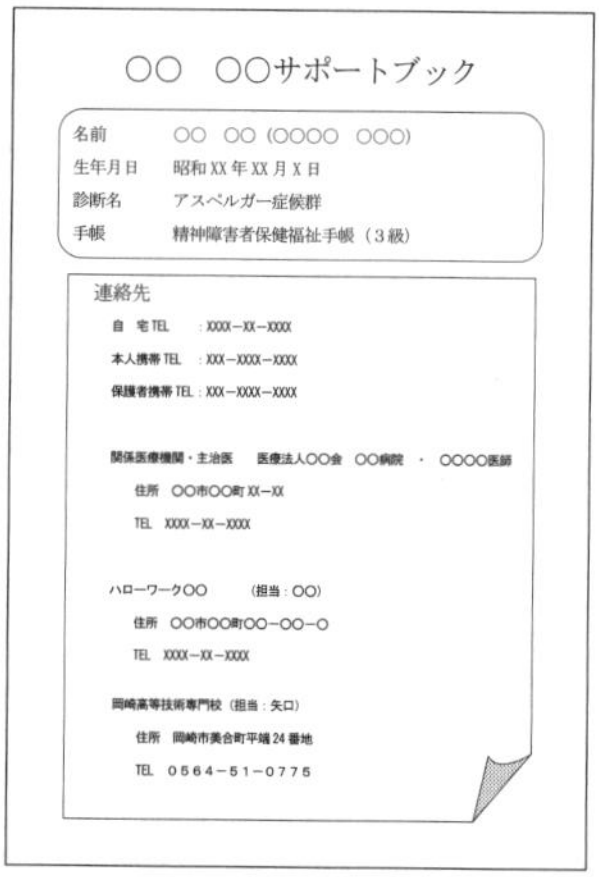
○○　○○サポートブック

名前	○○　○○（○○○○　○○○）
生年月日	昭和XX年XX月X日
診断名	アスペルガー症候群
手帳	精神障害者保健福祉手帳（3級）

連絡先

自　宅TEL　：XXXX－XX－XXXX

本人携帯TEL　：XXX－XXXX－XXXX

保護者携帯TEL：XXX－XXXX－XXXX

関係医療機関・主治医　医療法人○○会　○○病院　・　○○○○医師

住所　○○市○○町XX－XX

TEL　XXXX－XX－XXXX

ハローワーク○○　（担当：○○）

住所　○○市○○町○○－○○－○

TEL　XXXX－XX－XXXX

岡崎高等技術専門校（担当：矢口）

住所　岡崎市美合町平端24番地

TEL　0564－51－0775

図4-2　サポートブック　表紙

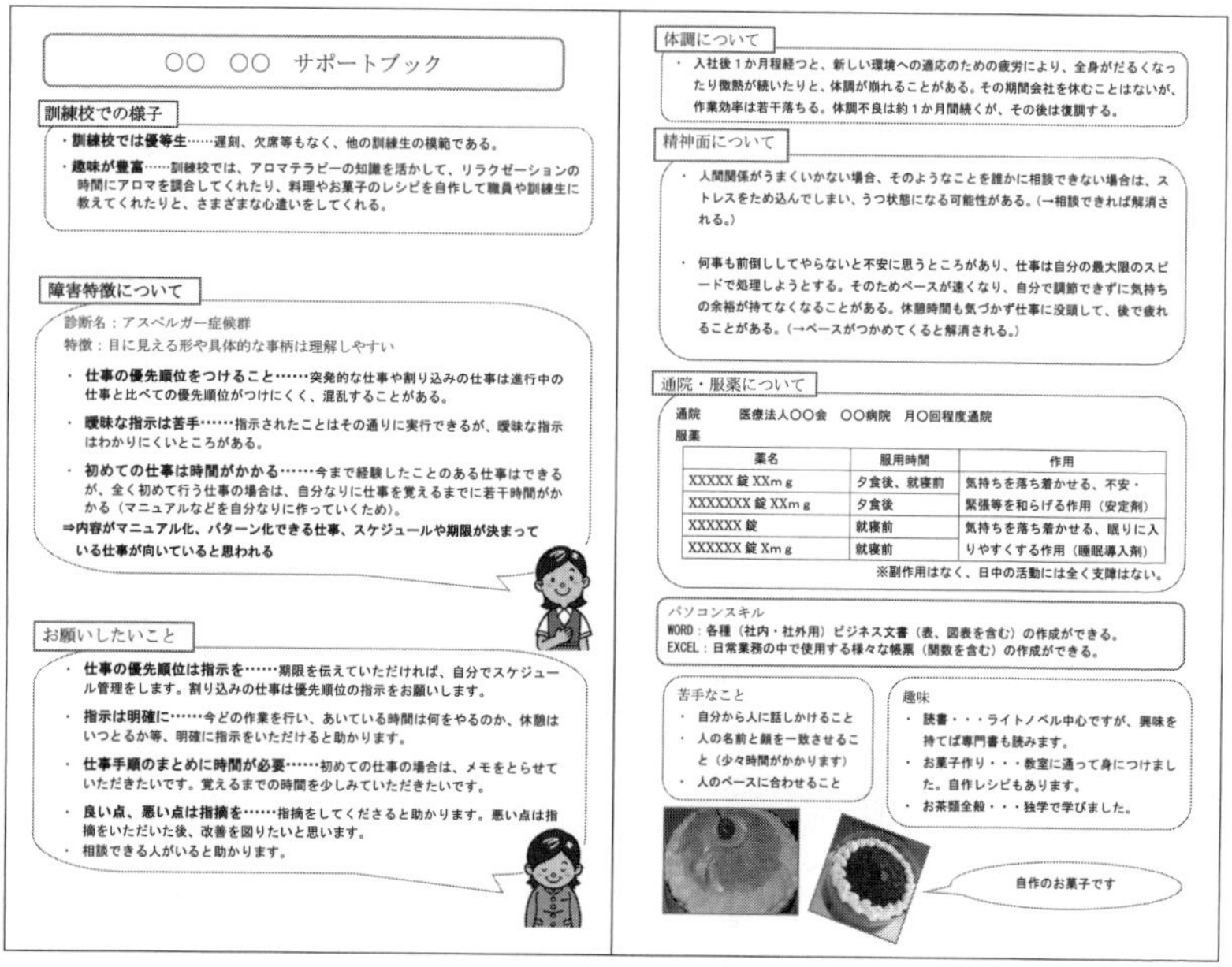
○○　○○　サポートブック

訓練校での様子

・**訓練校では優等生**……遅刻、欠席等もなく、他の訓練生の模範である。

・**趣味が豊富**……訓練校では、アロマテラピーの知識を活かして、リラクゼーションの時間にアロマを調合してくれたり、料理やお菓子のレシピを自作して職員や訓練生に教えてくれたりと、さまざまな心遣いをしてくれる。

障害特徴について

診断名：アスペルガー症候群

特徴：目に見える形や具体的な事柄は理解しやすい

・**仕事の優先順位をつけること**……突発的な仕事や割り込みの仕事は進行中の仕事と比べての優先順位がつけにくく、混乱することがある。

・**曖昧な指示は苦手**……指示されたことはその通りに実行できるが、曖昧な指示はわかりにくいところがある。

・**初めての仕事は時間がかかる**……今まで経験したことのある仕事はできるが、全く初めて行う仕事の場合は、自分なりに仕事を覚えるまでに若干時間がかかる（マニュアルなどを自分なりに作っていくため）。

⇒内容がマニュアル化、パターン化できる仕事、スケジュールや期限が決まっている仕事が向いていると思われる

お願いしたいこと

・**仕事の優先順位は指示を**……期限を伝えていただければ、自分でスケジュール管理をします。割り込みの仕事は優先順位の指示をお願いします。

・**指示は明確に**……今どの作業を行い、あいている時間は何をやるのか、休憩はいつとるか等、明確に指示をいただけると助かります。

・**仕事手順のまとめに時間が必要**……初めての仕事の場合は、メモをとらせていただきたいです。覚えるまでの時間を少しみていただきたいです。

・**良い点、悪い点は指摘を**……指摘をしてくださると助かります。悪い点は指摘をいただいた後、改善を図りたいと思います。

・相談できる人がいると助かります。

体調について

・入社後1か月程経つと、新しい環境への適応のための疲労により、全身がだるくなったり微熱が続いたりと、体調が崩れることがある。その期間会社を休むことはないが、作業効率は若干落ちる。体調不良は約1か月間続くが、その後は復調する。

精神面について

・人間関係がうまくいかない場合、そのようなことを誰かに相談できない場合は、ストレスをため込んでしまい、うつ状態になる可能性がある。（→相談できれば解消される。）

・何事も前倒ししてやらないと不安に思うところがあり、仕事は自分の最大限のスピードで処理しようとする。そのためペースが速くなり、自分で調節できずに気持ちの余裕が持てなくなることがある。休憩時間も気づかず仕事に没頭して、後で疲れることがある。（→ペースがつかめてくると解消される。）

通院・服薬について

通院　医療法人○○会　○○病院　月○回程度通院

服薬

薬名	服用時間	作用
XXXXX錠XXmg	夕食後、就寝前	気持ちを落ち着かせる、不安・緊張等を和らげる作用（安定剤）
XXXXXXX錠XXmg	夕食後	
XXXXXX錠	就寝前	気持ちを落ち着かせる、眠りに入りやすくする作用（睡眠導入剤）
XXXXXX錠Xmg	就寝前	

※副作用はなく、日中の活動には全く支障はない。

パソコンスキル

WORD：各種（社内・社外用）ビジネス文書（表、図表を含む）の作成ができる。

EXCEL：日常業務の中で使用する様々な帳票（関数を含む）の作成ができる。

苦手なこと

・自分から人に話しかけること

・人の名前と顔を一致させること（少々時間がかかります）

・人のペースに合わせること

趣味

・読書・・・ライトノベル中心ですが、興味を持てば専門書も読みます。

・お菓子作り・・・教室に通って身につけました。自作レシピもあります。

・お茶類全般・・・独学で学びました。

自作のお菓子です

図4-3　サポートブック

動を有利に進めるため、障害者手帳取得のメリット・デメリット、その他利用できる福祉制度等について訓練生、保護者に説明し、理解を深めることやその活用を促しました。

その結果全員、障害者雇用としての就職を希望し、障害者手帳を取得しての就職活動となりました。また、企業の担当者に本人の障害特性と配慮点等を簡単にまとめた「サポートブック」（図4－2、図4－3）を作成し、企業実習時に持参し、参考にしていただきました。

6 職業訓練終了後の進路について

二〇〇七年度は、表4－7のように入校生九名中七名が就職しました。就職先は本当にさまざまで、テーマパークから、菓子工場、溶接、車関係、物流、事務など、それぞれの適性に合った形で就職をすることができました（表4－7）。二〇〇八年度は、入校生八名中七名就職しました。こちらも就職先はさまざまで、薬局やスーパーのバックヤード、事務、物流などとなっています。

フォローアップについては、それぞれの状況に応じて行っています。

表4-7　訓練生就職先等

	製造業	情報通信業	流通業	サービス業	福祉施設入所	進学
2007年度	4	1		2	1	1
2008年度		1	1	5	1	

（人）

7 ぴかぴか自閉のAさんの就労事例

Aさんは、二〇代前半の男性で、大学卒の高機能自閉症です。一〇代で情報処理技術者試験第一種を取得した、情報処理に長けた人です。家庭ではほとんど会話をせず部屋にこもり、常時ラジオ二台とテレビとパソコンをずっとつけて、見たり聞いたりしています。大学では廊下のソファで寝ていることで有名で、文章が書けず、卒業論文にかなり苦労したようです。就職できず、一年半在宅生活を送った後、岡崎専門校オフィスワーク科に二〇〇七年度生として入校しました。

① 入学当初の様子

生活面の課題として、いつも登校は始業ぎりぎりの午前九時きっかり（通校途上で何かあると遅刻）。保護者にお願いして一本早い電車に乗せてもらっても、駅のベンチで寝て時間調整をするなどして、午前九時につくパターンを変えようとしませんでした。パソコンなどをやりはじめるとなかなかやめることができず、寝る時間が午前一時半と遅くなり、訓練中に居眠りをしていました。

身だしなみについても、眼鏡が曲がっている、フケ、寝ぐせがある、服のエリが入っているなど、整っていませんでした。鏡が嫌いで自分で見ないということでした。メモ紙をもち歩き、頭に浮かんだことを何でも紙に書いて、かばんやポケットなどいろんなところに入れます。毎日目についたチラシをかばんのなかに入れ収集し、整理できないため、部屋がチラシだらけになっている状況が続いていました。

家庭ではとにかくテレビ番組をビデオ録画し、部屋に録画したビデオテープが三〇〇本以上たまっていたり、食べ終わったアイスの棒とその袋や自分の切った爪、せみの抜け殻など、何でも収集し、引き出しのなかに入れているため、アリが部屋に入ってきているとのことでした。

対人面の課題は、とにかくコミュニケーションがとれませんでした。ほとんど話さず、当初は職員が通りかかったときに、紙に質問のようなものを書きつけて筆談をする状態でした。また、自分の氏名を書くことも拒否していました。表現も苦手で、何を聞いても、「うーん」となっていることが多く、話をしても単語が二～三語くらいと短く、さらに聞いても説明ができないので、彼の意図がほとんど伝わってきませんでした。注意や指摘、いやなこと、躓くことがあると、頭を抱えて座り込んでしまうか、横を向いて拒否のポーズをとり、てこでも動きませんでした（図4－4）。

しかし、訓練生にはとても関心があって、困っている話を聞くとパッと駆けつけて手伝ってくれました。また、ダンスなどの活動には喜んで参加し、集団で何かすることは楽しそうでし

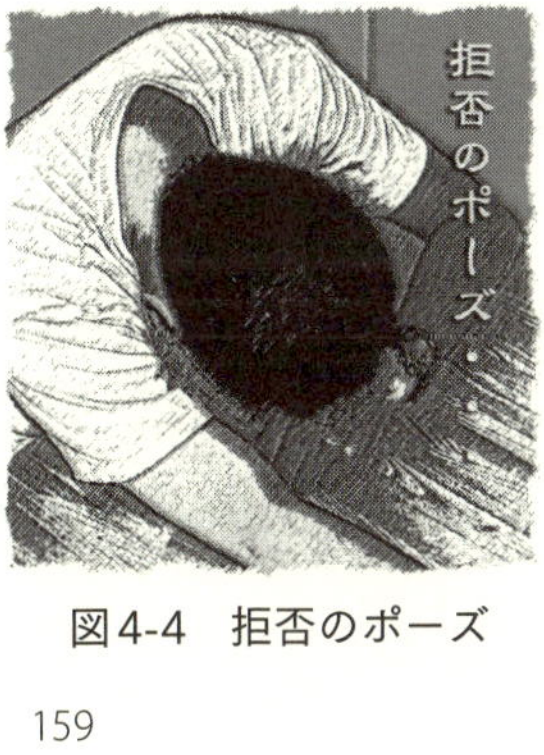

図4-4　拒否のポーズ

た。訓練生の携帯を覗き込んで嫌がられるなど、若干のトラブルもありましたが、精神的には安定していました。

職業面の課題は、まず体がとても細く、体力がありませんでした。ラジオ体操や腹筋、スキップ等はできず、二時間程度の立ち作業でふらふらになって途中で座ったり、寝てしまったりしていました。働いたことがないため適性も分からず、パソコンを使用した仕事にこだわりをみせていました。特にパソコンに関しては、やり始めると延々と時間を過ぎても続ける傾向にあり、時間設定を行うことで初めて意識して、時間内に取り組もうとするということがありました。

環境面の課題では、障害受容や制度利用も全くなく、まず説明をして、障害者手帳の申請から行うことになりました。

② 訓練の方法と結果

生活面では、Aさんのこだわりを変えることはなかなか難しく、修正を試みましたが全て不調に終わりました。そのため、保護者と相談の上、原因と思われるビデオ、パソコン、テレビ、ラジオをAさんの部屋から撤去してもらいました（図4－5）。

次の日、Aさんは校舎の隅っこで、体育座りをして落ち込んでいました。その日全く訓練に取り組まないため、「企業実習が決まっており、生活リズムの構築が急務である」ことを告げました。そこで、初めて「五分前登校」と「メモ紙からメモ帳への変更」に納得し、できるようになりました。

身だしなみについては、可能な限り毎日保護者にチェックをお願いしました。

対人面では、挨拶のパターンを身につけ、声も、訓練生活のなかでだんだんと大きくなり、氏名も記入するようになりました。筆談はなくなり、発話も増えました。日々の対応から「自分のことを分かってくれた」とAさんは感じ、信頼関係ができた担当職員の話を多少聞き入れることも出てきました。拒否のポーズは接する人によっては減りました。

他の訓練生と関わりたい気持ちは大事にしながら、携帯を覗き込むなどの行動は誤解を受けやすいのでその都度説明し、注意をしました。しかし、その行為はやらなくなっても、またちょっと違うことをやるという感じで、繰り返しのいたちごっこが続きました。

職業面では、毎日の体力養成で、ラジオ体操や腹筋もできるようになり、若干体力がつきました。さまざまな作業課題を行い、その場でフィードバックを積み重ねていった結果、パソコン以外でも得意な作業を見つけ、Aさんの自信もついてきました。

環境面では、訓練で少しずつ自分の障害特性を理解し、受容

図4-5　パソコンを部屋から撤去

し、精神障害者保健福祉手帳を取得しました。

③　企業実習と就職

企業実習は、Aさんのこだわっていた「パソコン」関係の仕事で、インターネットオークション出品作業の実習をさせていただきました。初めての企業実習で、岡崎専門校で身についた挨拶などは、場面が異なることもあってか全くの白紙に戻ってしまいました。挨拶の仕方、場所、タイミングや鞄を置く場所など細かなことやマナーを最初から一つひとつ紙に書いて指導を行い、Aさんはそれをよく守りました。

また、困ったときに、誰もいない部屋なのに座ったまま手をあげて呼ぼうとするので、「自分で『すみません、〜〜なんですけど』と聞きにいくように」等、その都度パターンを教えて実行するなど、二週間の実習のなかで社会性やマナーが著しく向上しました。

作業面も、パソコン操作がとても速く、紹介文を打ち込むことや写真加工処理も速いため、実習中に業務処理量が他の社員の二倍にもなり、十分大丈夫ということで採用となりました。

企業実習が三月の修了式間際の二週間であり、ジョブコーチとしてついていた担当職員も少しずつ離れ、自立して仕事ができるようになったため、修了直後に就職したのですが、次年度の入校生の準備などで忙しくなってしまいフォローアップが二週間途切れました。この短期間に、A

さんは非常に大きく崩れました。
具体的には、
・自分の携帯電話を会社のパソコンに勝手につなぐ
・フリーソフトを会社のパソコンにインストールする（他の人がアンインストールできない設定も施す）
・ファイル交換ソフトをインストールし、交換を行っている
・メールマガジン登録をして、メールが一分間に何件も届く通知がパソコンの隅に出る
・テレビ画面をパソコンの隅に常時小さく出す
など、事前に禁止されていないあらゆることを試していました。
仕事自体についても、
・出品する物をインターネットで調べているうちにネットサーフィンにはまり、作業に戻れず、出品数が一日一～二件にまで激減する
・予想と違うことが起きるとそこでうずくまり、動かなくなり作業が中断する
・作業中に居眠りをしている
などの崩れが見られ、緊急にフォローアップを行うことになりました。

④ フォローアップと現在

フォローアップは、方法も手探りのなかで、企業と協力をしてさまざまな方法を試してみようということになりました。Aさんは具体的な目標を設定すると、それに向かっていくタイプであったため、目標件数の設定を行うことから始めました。

・一日の目標件数を設定する

一日一五件という目標を設定し、Aさんも「がんばります」とがんばり、目標設定した直後は調子良く、目標に近い数字を出していたのですが、インターネットの魔力に勝てず、調べているうちにネットサーフィンになる、紹介文にこだわり、出品する品物の詳細情報を全部入力し始め、急激に作業スピードが落ちる等、一日一五件はかなり難しい状況に戻りました。

・厳しく注意する

上司から、賃金の対価として現在の仕事量はかなり少ないということをAさんに説明し、厳しく注意されたことがありましたが、横を向いて拒否のポーズになってほとんど聞かず、効き目がありませんでした。

・解雇の可能性があるということを伝える

一時的に業務量は上がりましたが、一ヶ月ほどでネットサーフィンが長くなり、指示をしても指示通りのやり方をせず、入力の仕方や値段の設定の仕方にこだわりをみせ、仕事にならなくなりました。

・入力指示書を作成する

入力指示書を再作成し、上司の記入通りに入力することを試みましたが、Aさんが入力指示書の通りに入力しようとせず、かえって時間がかかり、うまくいきませんでした。

・業務内容と範囲を限定する

さまざまなジャンルと値段を調べて出品する作業になると、変なところにこだわりはじめ、余計に遅くなることが分かり、企業に出品ジャンルの固定と値段の設定の仕方の固定をお願いしました。最初は出品数もあがりましたが、一ヶ月ほどでまたもやネットサーフィンを始めました。作業のペースが極端に遅くなる、居眠りも見られ、仕事にならない状態が続きました。

ここまでが、約一年間のフォローアップの取り組みとその結果です。Aさんの行動の理由、特性の把握がなかなかできず、試行錯誤をしながらさまざまな方法を試みました。Aさんはやる気がないわけではなく、指導をすると元気なく涙声になり、新たな提案に「がんばります」とは言うのですが、パソコンの仕事では作業スピードが極端に遅くなり、意欲に乏しくなる状況が続いてきました。ポスティングなどのパソコンを使わない作業は集中して取り組めていたため、パソコンスキルは高いが、思い切って仕事の内容をパソコン以外のものにしていただけないか、ということを企業と話し合いました。タイミング良く、食品販売の仕事を新たにその企業が請け負うことになり、「レジ係」として配置転換をしていただきました。

岡崎専門校も、厳しく対応してもAさんの意欲がなくなり、本人も逃げるため、問題の本質の解決にはならないということに改めて気づきました。企業と話し合い、それまでの指導方針を転換し、岡崎専門校で週一回の追指導を行うことになりました。

・配置転換と本人と目標を決め、取り組み、評価する

作業を変えていただいたことが功を奏し、レジ係は、金額を間違えることなくでき、一人で任せられるようになりました。

岡崎専門校での追指導は、Aさんを肯定的に評価しつつ、仕事面や生活面で何が大事かを話し、それに対して目標を自己決定させ取り組んでもらい、それを評価する方針で行いました。作業日誌を導入し、毎日、目標に対しての評価を本人、企業、家庭で行ってもらうようにしました。その結果、Aさんが提案を受け入れて目標を実行し、挨拶や仕事に取り組む態度、身だしなみなどを含め、家庭内での生活も良い方向に変化してきました。現在も細かな課題はいろいろとあり、試行錯誤を繰り返しながらフォローアップも継続中ですが、本人は活き活きとレジ係の仕事に励んでいます。

8 考察

二〇〇七年度からの発達障害者の職業訓練を通して感じたこと、わかったこと、そして今後の課題についてまとめました。

1 生活リズム確立の重要性

職業訓練以前に生活リズム・マナーの改善、就労可能な体力をつけるなど、生活面を整えることがなにより重要でした。

2 精神面の安定と自己評価の重要性

本人の精神面の安定を図り、自己評価を高めることが重要です。結果、就労意欲が高まり、訓練にも積極的に取り組むようになり、自己能力を明確に認識させ、本人がもつ能力を安定的に引き出すことができました。

3 職業訓練における企業実習の重要性

就労には職場環境やキーパーソンの存在など、本人の能力・特性の他に業務以外でのマッチングが重要でした。企業実習を行うことにより、不安解消や職場適応が進むなど、環境面への効果も高かったです。

特に顕著であったのは、企業実習における訓練効果でした。施設内で訓練してもなかなか修正、改善が困難な問題であっても、企業実習時に改善された事例が数多く存在しました。

④フォローアップの重要性

二〇〇九年九月現在、全員就労を継続していますが、体調管理、対人関係の問題や生活リズム、仕事上のルールの問題などさまざまな問題が表面化しています。岡崎専門校では、訓練生（修了生）の担当職員がフォローアップを行って、それぞれの問題に対して、企業・関係機関とも連携をとりながら定着支援を続けています。発達障害者の就労継続には、この取り組みこそ重要な課題であると考えています。

⑤今後の課題

・職業訓練について

発達障害者の職業訓練、就労支援においても、非常に多くの時間と手間を必要とします。これは、画一的な訓練や教育を行う前提の訓練校や学校では、個別対応が前提の発達障害者への訓練、教育が困難であることを示しています。

岡崎専門校においてはこの問題を是正するため、就労課題表を導入し、一定の成果はありましたが、生活面、精神面に多大な問題を抱える訓練生には対応できませんでした。そのため、複数の職員による訓練体制の確立が、さまざまな問題に対応可能な指導体制につながると思われます。

・保護者の協力について

発達障害者の生活支援、就労支援には保護者の協力が不可欠です。しかし、全ての保護者から協力を得ることは難しいのが現状です。今回、詳細な記述はしませんでしたが、支援が難しいからこそ、どの保護者にも協力してほしいものです。

・ナチュラルサポートの形成とフォローアップについて

比較的容易にナチュラルサポートを形成できる企業もありますが、人事異動が定期的に存在する企業においては、ナチュラルサポートを形成しても、キーパーソンが異動してしまうこともあり、課題となっています。そのため、定期的なフォローアップ（職場訪問以外も）と就労先企業との連携が重要です。

最後に、発達障害者対象職業訓練オフィスワーク科に協力していただいた七人の先生と事例の執筆に協力していただいた藪下静枝先生に、心より感謝申し上げます。そして、これからも一人でも多くの方を社会に送り出せるよう、がんばりたいと思います。

おわりに

本書では、発達障害のある人をとり巻くさまざまな社会的問題をベースに、理解と支援のあり方について述べてきました。

障害に関する考え方は、従来の医療モデルでは、疾病を受けて障害となる一次的障害としての機能障害、その後の二次的障害としての能力障害、さらには三次的障害として社会的不利の三階層で説明されていました。脊髄損傷による下肢障害を例にとると、交通事故やスポーツ事故などによって脊髄の機能を損傷する、そのため自力での歩行が困難となる（歩行能力の障害）、その結果一人で公共の乗り物を利用したり、映画やコンサートに行ったりすることができないだけではなく、就職などにも支障を来すことがある社会的不利の状態を示していました。

しかしながら、二〇〇一年に国連の世界保健機構では、障害とは障害のある本人に帰するものではなく、社会との相互作用によって発生するものであるとし、ＩＣＦ（国際機能分類）を発表しました。ＩＣＦによると、一次的障害である機能障害を生じても、二次的障害は能力障害という見かたではなく活動（制限）、三次的障害は参加（制限）という考え方に変わりました。

すなわち、脊髄に損傷があっても（機能障害）、車椅子があれば移動ができる（活動）、スロープやエレベーターがあれば一人で外出したり、就職さえも可能になりえる（社会参加）という捉え方ができるようになったのです。このような考え方は障害のある人にとって、彼らをとり巻く環境がより良いもの変わることによって、障害ではなくなる可能性を見出したのです。

発達障害の人たちは一次的障害としては脳の機能障害ということが証明されています。しかし、ＬＤの特徴である「読み書き計算の困難性」は二次的障害としてどのように捉えればいいのでしょうか。神山さんの場合のように「分かち書き」などによって、読みやすくなれば、それが脊髄損傷者の車椅子の役割を果たすことになるかもしれません。ＡＤＨＤの特徴である不注意、多動はいかがでしょうか。メモをとったり、常に目に見えるところに必要な情報を示しておくことによって忘れ物は軽減するかもしれません。そして人の気持ちや場の空気が読めないといわれている自閉症スペクトラムの人たちはどうでしょうか。彼らの視覚優位な特徴を生かして文字やイラストで学校や職場のマナーを教えてはどうでしょうか。

自閉症スペクトラムの人のなかには目を合わせることが困難な人がいます。このような自閉症スペクトラムの人たちに「ちゃんと目を見て話しなさい」というような指導を行うことは、脊髄損傷の人に「立って歩きなさい」、視覚障害の人に「ちゃんと見なさい」、聴覚障害の人に「ちゃんと聞きなさい」と言っているようなものかもしれません。それは指導者や支援者が自閉症スペクトラムという障害を理解していないために、自分の価値観や枠のなかに押し込めようとしているのです。人はそれぞれ違います。違うことを認めずに、狭い価値観だけで判断することは避けるべきです。

脊髄損傷の人が車椅子で移動が可能になるように、視覚障害の人が点字で読書ができるように、ＬＤの人にはＬＤの人なりの学習の仕方があるのです。計算が苦手な人は電卓を使ってはどうでしょうか。人とのかかわりが苦手な人は友だちは少なくても悪いことではないと思います。

このように、彼らを変えるのではなく、彼らの周りにいる私たちが彼らを理解することが必要なのです。

自閉症支援で世界的に著名な米国ノースカロライナ州のＴＥＡＣＣＨプログラムでは、自閉症を障害と捉えていません。自閉症には自閉症の文化があると考えるようにしています。国や地域にそれぞれの文化があるように、発達障害の人たちもそれぞれの文化があるという意識で理解することにより、叱ったり、排除したり、いじめたりすることも少なくなるのではないでしょうか。

人は誰しも幸せに暮らしたいと願っているはずです。発達障害がある人たちのそういった願いを叶えるためには、彼らを理解し、彼らに合った教育支援を行うことによって、虐待、いじめ、不登校、非行などの問題の解決の糸口を見つけ出すことができるものと思います。

また、彼らにあった就労支援を行うことにより、適職に就き、能力を伸ばすことができるようになるものと思います。さらには、彼らにあった余暇支援、生活支援などを行うことによって、暮らしやすい、生きやすい幸せな人生を営むことができるのです。

本書により、発達障害の人にかかわる支援者が発達障害の人たちを理解し、彼らに合った適切な支援が広がっていくことができたら、これ以上の喜びはありません。

最後になりましたが、このような著書の機会を与えていただいた福村出版の西野さんには一年以上もの長期にわたり多大なるサポートをいただきました。また、源さんにも本書の構成等さまざまなアドバイスをいただきました。お二人のおかげで何とか無事に刊行することができました。ここに感謝の意を申し上げます。

どうもありがとうございました。

平成二二年三月

梅永雄二

【特別寄稿著者略歴（掲載順）】

中野謙作（なかの・けんさく）

とちぎ若者サポートステーションリーダー
1994年より栃木県にて不登校・ひきこもり・非行・いじめに関する県内のネットワークを構築。2002年にフリースクール学び舎コアを開設。2004年NPO法人とちぎボランテイアネットワークに入会。若年無業者支援ワーキングスクールを開設。厚生労働大臣賞受賞。2007年より「とちぎ若者サポートステーション」を運営。現在、高根沢町教育委員会教育委員、高認支援プロジェクト協議会会長を兼務して、子ども・若者の新たな受け皿作りに日々奔走中。

熊上　崇（くまがみ・たかし）

家庭裁判所調査官
札幌、いわき、東京の家裁勤務の後、さいたま家庭裁判所川越支部に勤務し、主に少年事件を担当している。筑波大学大学院リハビリテーションコース修了、現在、筑波大学大学院人間総合科学研究科博士後期課程に社会人院生として在籍中。
主な論文は、「広汎性発達障害を有する非行事例の頻度と特徴」（LD研究、18巻2号)、「LD・AD/HDの傾向を有する非行事例の頻度と特徴」（LD研究、18巻3号）など。

矢口秀人（やぐち・ひでと）

愛知県立岡崎高等技術専門校訓練課主任
情報工学部卒業後、愛知障害者職業能力開発校職業訓練指導員として愛知県に採用される。2006年度岡崎高等技術専門校訓練課メカトロニクス科（健常者対象訓練)、2007年度オフィスワーク科（発達障害者対象職業訓練）を兼務。
「発達障害者の職業訓練に関する検討──発達障害者に対する半年間の職業訓練を通して」（2008　日本特殊教育学会　第46回大会発表論文集，439)、「一般の職業能力開発校における発達障害者を対象とした職業訓練モデル事業の実施報告」（2008　技能と技術43号)、「二次障害を併発している発達障害者の職業訓練に関する報告──発達障害者に対する一年間の職業訓練を通して」（2009　日本特殊教育学会　第47回大会発表論文集，381)。

【著者略歴】

梅永雄二（うめなが・ゆうじ）

宇都宮大学教育学部特別支援教育専攻教授

慶應義塾大学文学部社会・心理・教育学科教育学専攻卒、筑波大学大学院修士課程教育研究科障害児教育専攻修了。著書に『発達障害がある人の就労相談』（明石書店）、『夢をかなえる！ 特別支援学校の進路指導』（明治図書出版）、『こんなサポートがあれば！（1・2）』『自閉症者の就労支援』（以上、エンパワメント研究所）、『自閉症の人のライフサポート』『自立をめざす障害児者教育』（以上、福村出版）、『アスペルガー症候群　就労支援編』（監修、講談社）、監訳書に『アスペルガー症候群・高機能自閉症の人のハローワーク』『書き込み式　アスペルガー症候群の人の就労ハンドブック』（以上、明石書店）などがある。

発達障害者の理解と支援
――豊かな社会生活をめざす青年期・成人期の包括的ケア

2010年 4月 25日　初版第 1 刷発行

著　者　梅 永 雄 二
発行者　石 井 昭 男
発行所　福村出版株式会社
〒113-0034
東京都文京区湯島2丁目14番11号
TEL　03-5812-9702
FAX　03-5812-9705
http://www.fukumura.co.jp
印　刷　シナノ印刷株式会社
製　本　協栄製本株式会社

ISBN978-4-571-42027-6
定価はカバーに表示してあります。
乱丁本・落丁本はお取り替えいたします。